跨越周期

反周期生存和
逆增长
Cross Cycle
How to Achieve Adversity Growth

雷志平/著

中华工商联合出版社

图书在版编目（CIP）数据

跨越周期：反周期生存和逆增长 / 雷志平著 . —— 北京：中华工商联合出版社，2020.9（2024.2重印）

ISBN 978-7-5158-2828-2

Ⅰ . ①跨⋯　Ⅱ . ①雷⋯　Ⅲ . ①企业管理　Ⅳ . ① F272

中国版本图书馆 CIP 数据核字（2020）第 161099 号

跨越周期：反周期生存和逆增长

作　　者：	雷志平
出 品 人：	李　梁
责任编辑：	于建廷　王　欢　效慧辉
项目策划：	张浩峰
项目支持：	长尾研究社
装帧设计：	周　源
责任审读：	傅德华
责任印制：	迈致红
出版发行：	中华工商联合出版社有限责任公司
印　　刷：	三河市同力彩印有限公司
版　　次：	2020 年 10 月第 1 版
印　　次：	2024 年 2 月第 4 次印刷
开　　本：	880mm × 1230 mm　1/32
字　　数：	220 千字
印　　张：	8.25
书　　号：	ISBN 978-7-5158-2828-2
定　　价：	69.00 元

服务热线：010-58301130-0（前台）
销售热线：010-58302977（网店部）
　　　　　010-58302166（门店部）
　　　　　010-58302837（馆配部、新媒体部）
　　　　　010-58302813（团购部）
地址邮编：北京市西城区西环广场 A 座
　　　　　19-20 层，100044
http://www.chgslcbs.cn
投稿热线：010-58302907（总编室）
投稿邮箱：1621239583@qq.com

民营企业一直是全国工商联密切关注的对象。多年来，民营企业为中国经济稳定增长和实现高质量发展贡献了坚实的力量。然而，在荣耀的背后，还有另一个令人心痛和惋惜的现实，那就是我们的民营企业平均寿命不超过五年。

这是常态之下的状况，而在 2020 年，国内外风险挑战明显上升，局面变得更加复杂，我们的民营企业不可避免地要面临更大的压力。

对民营企业而言，如果没有核心竞争力，这无疑是一场生死存亡的考验。

面对经济的"寒冬"，就像雷志平老师在本书开篇中所言——愿你不止于熬。因为，靠熬是过不去的，根本无法解决实质性的问题。民营企业要做的是，加大创新力度，着眼于第二发展曲线，不断寻找新的经济增长点。

在我看来，雷志平先生《跨越周期》的问世，真的是恰逢其时。我们现在有大量的中小企业，在苦苦地煎熬和挣扎，寻找着打破僵局的出路。可是很遗憾，不少企业及其管理者只是把着眼点放在了"术"上，没有认识到周期的问题。

任何事物都存在生命周期，如果用一条曲线反映企业的发展轨迹，那么任何一条增长曲线都会在到达抛物线的顶点后，出现下滑的迹象，直至消亡。换而言之，想要企业保持持续稳定地增长，就要在第一发展曲线出现下滑或消亡之前，打造一条全新的发展曲线。

这本书非常适合我们的中小企业管理者，它详细地讲解了周期的重要性，以及企业该从哪几个维度去创新变革，去跨越周期，深入浅出，通俗易懂，理论联系实际，案例丰富且具有借鉴意义和价值。

当前所有经济问题，都是发展中的问题。企业也是一样，尽管这两年面临的形势格外严峻，但我们有理由相信，未来一定会比现在更好。我们的企业，应当把目光放得长远一点，不能只盯着脚下，要相信经济周期，更要认清自己处在企业周期的哪一阶段，从而为第二曲线做好准备。

最后，祝愿我们的民营企业能够快速成长、成熟，在探索新时代下实现可持续发展。

沈建国
第十届全国工商联副主席

受到雷志平先生的邀请，我很高兴为他的新书《跨越周期》作序。

翻看这本书稿的时候，我的内心对雷先生充满了钦佩之情。据我所知，他担任着中旭股份的总裁职位，每天要处理大量的工作事务，在如此繁忙紧凑的工作节奏中，竟还能够完成十余万字的书稿，不得不说，他的专业精神、敬业精神以及精力管理，真的很值得学习。

从 1981 年来到中国，我亲眼目睹了中国的巨大变化，可谓是中国改革开放的全程见证者与深度参与者。正因为此，在看到一些对中国的歪曲报道时，会忍不住去批评和纠正。我曾经说："我就在中国，我可以摸到，我经常和朋友接触，知道中国的方向，走得很明确，中国会怎么发展。"

这些年来，中国的经济发展是显而易见的，我也曾经撰写出版过不少有关中国经济改革、亚洲金融和可持续发展的书籍。这一次，看到雷先生撰写的《跨越周期》书稿时，也给我带来了很大的触动，引发了一些感想。

我记得，十几年前在《福布斯》的一期杂志封面上，看到过一个醒目的标题：诺基亚迎来第十亿用户，还有谁能追得上这家手机帝国？当时看来是很震惊，而今呢？诺基亚的名字，已经被越来越多的人遗忘了。

这样一家曾经辉煌到无与伦比、纵横一时的手机帝国，不是输给了竞争对手，也不是输给了技术，而是输给了自己，它没能与时俱进，没能在第一曲线抵达巅峰前，找到第二增长点，生产出顺应时代的产品。

其实，无论是大企业还是小企业，跨越周期都是必不可少的课题，也是实现可持续发展和基业长青的必经之路。雷先生在书稿中，提到了大量与诺基亚相似的案例，它们的惨痛结局无疑都在说明，过去的成功经验并不能够确定企业未来可以走向何方？如果过分依赖于过去的成功模式，没有长远的目光和持续发展的愿景，终将在未来自食恶果。

20 世纪八九十年代，中国出现了不少可以领军全球的企业，而今回过头来看，其中的一部分已经消亡不见了。而那些活下来的企业，也不再是最初的样子，而是历经蜕变，成功长出第二曲线，甚至是第三曲线、第四曲线，让业务有了全新的增长。

透过雷先生的这本书，我也希望更多的企业管理者认识到，事物都具有非连续性，这是一种常态。跨越周期，跨越的究竟是什么呢？其实，就是第一曲线和第二曲线中间的那一条"断裂之谷"。让我倍感欣慰的是，雷先生在这本《跨越周期》中，明确指出了跨越"断裂之谷"的桥梁。它让管理者知道，该从哪些地方入手，去找到全新的增长点，比如回归初心、市场营销、客户需求，这些都是看得见的显性桥梁。

　　跨越周期是企业自我延续的能力，更是区分卓越绩效企业与昙花一现之流的分水岭。大潮退去之时，少不了倒在沙滩上的殉难者，却也会有在风口中长出翅膀的奇迹。周期循环不息，希望雷先生的这本书，可以帮助更多的企业在循环往复中，生生不息。

龙安志

美国著名作家、政治经济学家、导演

中国政府友谊奖得主

国家外专局建言专家

愿你不止于熬，持续增长

没有人不在乎自己的生命，没有企业不关注自己的增长。

但生与死，却是企业成长过程中永不磨灭的主题。

据《中国民营企业发展报告》公布的调研数据显示，国内中小企业的平均寿命只有 2.9 年，每年有 200 多万家企业倒下，99% 的中小企业都难逃"活不过三年"的命运。国家市场监督管理总局发布的《全国内资企业生存时间分析报告》显示，近五年退出市场的企业平均寿命为 6.09 年，寿命在 5 年以内的接近六成。

不仅如此，就连《基业长青》中的成功企业，也有 1/3 已经消失。更加可怕的是在进入移动互联网时代后，企业的死亡指数更是居高不下，许多企业只是昙花一现，还尚未来得及绽放，就被扼杀在暴风雨即将来临的摇篮中。

很多人都在追问：这样的现象为什么不可避免？

诚然，企业的死亡有经营管理方面的原因。比如很多中小企业老板自身疏于学习，不懂经营管理，竞争与合作关系处理不当，资源无法有效聚集，不重视客户与员工的利益，行动迟缓，执行力不够，资金链断裂等，这一系列问题，都是加速中小企业走向死亡的原因。

但，在思考这些问题之前，我们还必须关注另外一个最重要的问题——周期。

一个人的事业成败，一个组织的价值兴衰，往往都与其对周期的选择息息相关。

企业想要解决生存与发展的问题，不能只停留于"术"，更要去探寻"道"，能否正确识别周期，能否把握周期下的机会，是企业避免败局的第一法则。

经济有周期，行业有周期，企业也有周期。每个周期都是变化着的，既能带来成长的机会，也可以带来衰退的危机；机会给予生存与增长，危机则意味着毁灭与消亡，没有能够避开周期或逆周期兴衰规律而成功的企业。

周期是客观的，谁也回避不了。面对周期，中小企业不能止步于"熬"，周期趋于上升的阶段，可以顺势而为；周期下滑的时候，可以并购重组和转型升级。周期是危机，也是机遇。无数事实告诉我们，在经济出现不景气时，许多东西在突发，许多制度在创新，许多技术在变革，许多过去难以突破的瓶颈，都因为经济危机的到来而实现突破。

农民不懂春夏秋冬二十四节气，很可能颗粒无收；而企业经营者忽略了周期，注定步履维艰。周期轮转，永不停歇。企业要想长久地活下去，就要有跨越周期的能力，唯有具备了这一核心能力，才能在风口中长出"翅膀"，生生不息。

未来的日子，我愿你和你的企业不止于熬——跨越周期，持续增长！

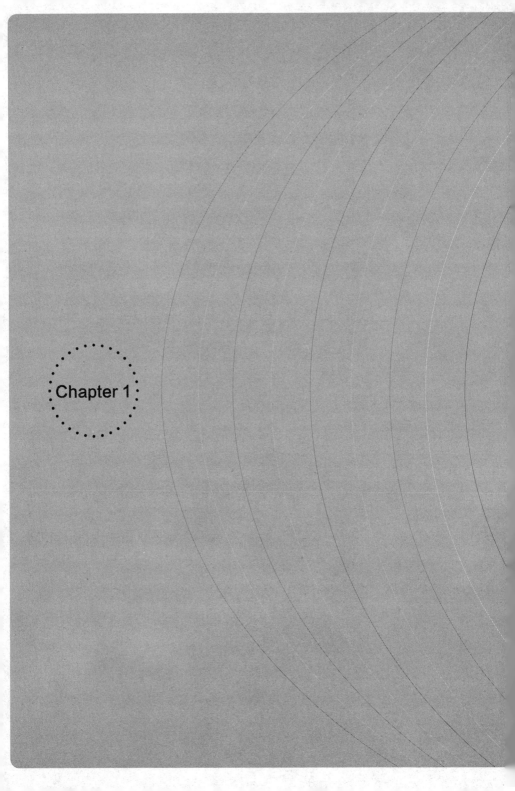

Chapter 1

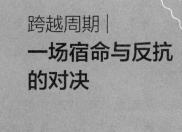

跨越周期 |
一场宿命与反抗
的对决

"历史不会重复自己，但会压
着同样的韵脚。"

01 / 跨不过周期，注定是一场败局

世间唯一不变的东西，莫过于变。昨日还鲜衣怒马地叱咤于商场，今日却已悄无声息地退出了历史的舞台。这样的败局，几乎每一天都在上演。

《幸福》杂志登载的 1970 年的世界 500 强企业，到了 20 世纪 80 年代初期，已有 1/3 的企业遭遇破产的厄运。另有调研数据显示，世界 500 强企业的平均寿命是 40 年，跨国公司平均寿命为 12 年，中国企业的平均寿命只有 7.5 年，中国民营企业的平均寿命不足 3 年，仅为 2.9 年。

看到这组数据时，真是感慨良多。我接触的客户中，绝大多数都是中小企业主，其中有不少人都陷入过一个误区，即认为只要做大做强，企业就能生存发展。事实可以这样理想化吗？很遗憾，上述的数据为我们揭露了一个赤裸裸的真相：曾经的那些世界 500 强企业，规模发展得已经足够大，最后仍然没有逃脱失败的结局。

正是因为这样，所有置身于商场中的企业及管理者，无一不是战战兢兢，如履薄冰。哪怕是我们今天看到的正走上坡路的佼

佼者，也无一不在进行如何避免败局的思考。

阿里巴巴创始人马云说："我花时间最多的是研究国内外企业是怎么失败的。这两年我给我们所有高管推荐的书都是讲别人怎么失败的。因为失败的道理都差不多，就是这么四五个很愚蠢的决定，但是每个人都以为这个错误别人会犯，我怎么会犯。但是你一定会犯，即使提醒过你，你还是会犯。"

华为创始人任正非也说："十年来我天天思考的都是失败，对成功视而不见，也没有什么荣誉感，自豪感，有的是危机感，也许是这样才存活了十年。我们大家要一起来想，怎么才能活下去，也许才能存活得久一些。失败这一天是一定会到来，大家要准备迎接，这是我从不动摇的看法，这是历史规律。"

有人调侃说，所有成功的企业家，都是"失败综合征患者"。听起来有些嘲讽，但这是一个残酷的真相，背后值得思考的东西有很多。今天的中国是全球创业企业最多的国家，每天就有 1 万家新创企业诞生，但同时也是失败企业最多的国家，每年有 200 多万家企业倒下，97% 的企业会在 18 个月里宣告死亡。

在时间的意义上，成功是小概率事件，失败才是常态。

然而，商业世界不同于生活，成功企业的经验往往是不可复制的，它们各有各的不同，这就又给恐慌中的企业增加了存活下去的难度，因为无法效仿，自己的路终究要靠自己走。吴晓波在《大败局》中也说过："所有前人的失败或许不会完全重演，但是所有即将发生的悲剧中，无一例外地有着前人失败的痕迹。"

成功不可复制，但失败或可避免。

到底是什么阻碍了大量企业的存活，让其在追求基业长青的途中夭折呢？或者说，我们要从失败的企业身上，找寻到哪些可借鉴的东西，从而降低失败的概率呢？

毋庸置疑，经营不善、管理混乱，是招致企业失败的直接原因，但这只是一部分。除此之外，还有一个重要原因，就是许多企业经营者只顾着埋头赶路，却忘了抬头看看外部的环境，以及自己所处的位置，也就是我们要谈论的核心——周期。

毫不夸张地说，一个组织的价值兴衰，往往是由其所处的周期决定的。如果忽略了周期法则，所有的努力和优势，都将丧失意义。成功的企业，一直都在观察周期，一直都在琢磨着如何利用周期，也一直在为跨越周期作准备。

大家都知道，工程机械制造业本身属于一个寄生行业，与中国的基建和房地产行业息息相关。在赶上国家大规模发展基础建设和房地产行业的时候，这个行业就会很好；但如果基建和房地产下滑，这个行业也就不太好做，除非你开发新的市场，将设备卖到正在搞基建的国家和地区。

企业的兴衰成败，不仅仅是内部的经营管理决定的，还要了解中国过去十年、二十年的经济形势、政策导向，与企业所处行业之间的关系。也许，今天你所处的领域是一个高成长性的行业，但可能在一年之后，整个行业的形势开始走下滑，这时你就要思考跨越周期的问题了。如果不能适时而变，就会在大浪淘沙中陷入败局。

我们再谈谈实体书店，二十年前开一家书店，经营模式很简单，就是简单地为有阅读需要的读者提供他们想要的书籍，只要产品的种类多，可以满足附近客户群体的需求，多半都是能够盈利的。可如今再开设书店，却不只是卖书那么简单了。时代变了，人们购买图书的渠道多了，此时，书店要提供给读者的不仅仅是书，还有阅读体验。

以诚品书店为例，它创办于 1989 年，至今已 30 年有余，算是实体书店中的成功典范了。在互联网的强烈冲击下，诚品书店傲然存活，而与它同时诞生的那些同行们，却纷纷陷入了关门闭店的寒潮中。

为什么诚品书店能够一直活下来？不是它的产品出众，而是它具备跨越周期的能力。在不同的时间做同样一件事，对比前后二十年，它的获利模式是不一样的。最初的诚品就是单一的书店，而今天的它已蜕变成文创工厂。

生与死，是一个永恒的主题。在残酷的商业竞争中，企业想活下来，实现持续增长，需要有狼的精神——坚韧不拔、锲而不舍、互助合作、纵横团结；同时，也要有蛇的本领，随着生命周期的变化，一次次地蜕皮，脱去陈旧的"外套"，换上更适宜生存的"新装"。

世界每一刻都在改变，没有任何一套生活与生存的法则可以一劳永逸。个体也好，企业也罢，都需要保持思考的流动性，不能自我限制，要锤炼出跨越周期的能力，用开放的态度去不断调整，灵活变通地迎接每一次前所未有的挑战。

▰▰▰▰ 02 / 任何企业都躲不开的三大周期

要跨越周期，先得认识周期。所有的企业，都存活于三大周期之中。

宏观波动周期

生活不是一条直线，经济的发展亦如是，总有上下起伏的波动。企业的兴衰成败，既受内部条件的影响，又受宏观经济环境和市场环境的影响。如果企业经营者不能对经济周期的波动有一定了解和把握，并制定相应的对策来适应周期的波动，就可能在波动中丧失生机。

简单来说，经济周期是"复苏、繁荣、衰退、萧条"几个阶段的周而复始。

如果按照时间维度来划分，又可分为以下四类。

1. 基钦周期

基钦周期长度较短，通常在40个月左右，也称为"短周期"。

基钦周期主要考察的是库存变化，因而，在经济领域也被称为"库存周期"，是经济趋势判断的一个重要依据。1923 年，经济学家基钦对周期波动进行了观察，故而以他的名字来命名。

基钦周期是从"库存"的角度思考的，如果把商品的供求进行拆分，并结合库存变化来看，就会形成四个相位的循环往复：主动去库存、被动去库存、主动加库存、被动加库存。

2. 朱格拉周期

朱格拉周期的长度，通常在 10 年左右。该周期的提出者朱格拉认为，危机不是突然爆发的，而是社会经济运动阶段中的一个环节，即繁荣、危机与萧条。

朱格拉周期是从"设备投资"的角度思考的，因而也称为"投资周期"，即：设备更替与投资高峰时期，经济增速快；设备投资完成后，经济也随之衰退。

我国从 1981 年开始，大致经历了 3 轮朱格拉经济周期：1981 年~1990 年，1990 年~1999 年，2000 年~2009 年，现在我们或处于第四轮周期的尾端。

3. 库兹涅茨周期

库兹涅茨周期的长度在 15 年~25 年左右，可称为"中长周期"，是美国经济学家库兹涅茨提出来的。这个周期与地产关系甚密，它描述的是建筑业和房地产兴衰的波动，故而也称为"建筑周期"或"地产周期"。众所周知，地产的变化与人口的繁衍和迁移密度息息相关，因此，这个周期也在一定程度上反映了人口周期。

1998 年，我国彻底终结了福利分房政策，房地产周期正式开启。按照库兹涅茨周期来算的话，我国的"地产周期"或已开始回落。

4. 康波周期

康波周期的年限是 60 年，它是俄国经济学家康德拉季耶夫提出来的，他率先发现全球资源品价格会在长周期波动。自从工业革命以来，几乎每 60 年就开启一场大的技术创新。

1820 年，英国人发明了蒸汽机，进入工业 1.0 时代；1880 年 ~ 1890 年，人们通过分工和生产线的方式提高劳动效率，进入工业 2.0 时代；1930 年，德国出现新的工业模型，即电气化工业，进入工业 3.0 时代；2006~2007 年，德国有人提出工业 4.0，即智能化制造。

企业与个人所处的时间点不同，所面临的产业和人生也是大相径庭。了解了宏观波动周期，再结合实际生活以及企业的发展历程，我们对它的认知和感触也会进一步加深。

产业生命周期

调查显示，每 50 年就有超过 2/3 的世界 500 强企业面临倒闭的命运。不是这些企业做得不够好，也不是它们不努力，而是产业生命周期所致。这些企业所在的产业落伍了，由于惯性和路径依赖，在转型上未能跟上时代的脚步，故而遭到淘汰。

实际上，每个产业都要经历一个由成长到衰退的演变过程，这就是产业的生命周期，通常分为导入、成长、成熟、衰退四个阶段。同样一件事，在这四个不同的时间点去做，获利模型是不一样的。

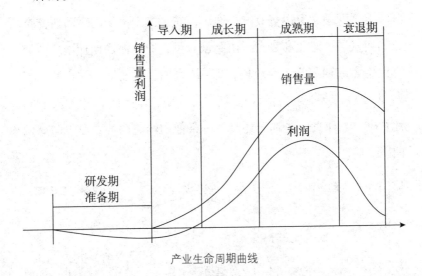

产业生命周期曲线

以家电行业为例，20 世纪 80 年代做洗衣机、冰箱、电视，和今天做家电，完全不可同日而语。早年做家电主要是成为标准化生产者，扩大规模，到了 90 年代就要发展渠道了，到 21 世纪初则需要做并购，到今天就得做智能硬件了。

产业的生命周期对企业制定发展战略影响重大，只有明确产业所处的生命周期阶段，企业所处产业价值中的地位，才能做出明确的战略定位。在过去的三四十年里，产业生命周期相对趋缓，产品和消费的改变大概要 5 年 ~10 年左右。但是，这几年行业所面临的经济周期开始大幅压缩，这就要求我们的企业要在更短的时间里进行组织和模式变革，以及产品和消费迭代。

企业生命周期

美国管理学家伊查克·爱迪思，花了二十多年的时间研究企业如何发展、老化和衰亡，由此创立了企业生命周期理论。他把企业生命周期分为十个阶段，即：孕育期、婴儿期、学步期、青春期、盛年期前期、盛年期后期、贵族期、官僚化早期、官僚期、死亡期。基于此，爱迪思还画了一条像山峰轮廓的企业生命周期曲线。

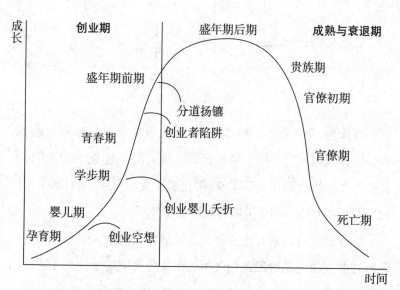

企业生命周期曲线

据说，这条曲线可以延续几十年，甚至上百年。然而，在现实中，很多企业尚未走完这条完美的曲线，就彻底消亡了。有的仅仅是几年、十几年，还在成长期就夭折了。原因就是企业在不同的生命阶段，都必须克服某些困难或过渡期的问题。跨过去了，就能进入下一个阶段；跨不过去，就在那儿定格了。

当企业从一个生命周期阶段过渡到另一个阶段时，必须放弃旧的模式，学习并转换新的行为模式。如果企业把精力耗费在试图清除让变化发生的障碍上，是徒劳无益，并会遭遇一场危机。这时候，就需要来自外部的干预，倘若异常问题被长期拖延而得不到恰当的干预，企业的生存就将受到致命的威胁。

多数企业都遵循典型的发展路径，在这条路上遭遇问题，是因为企业尚未开发出某种能力。在解决这些问题的过程中，企业就培养出了沿着生命周期阶段前进所需要的能力。作为企业的领导者，我们最重要的价值就在于，处理好那些必经的问题，重新整合资源，应对全新的变化。

今天的商业世界，变化在加速，生存挑战也变得愈发复杂。谁能够幸存下来？就如达尔文所言：不是那些最强壮的，也不是那些最聪明的，而是最能适应变化的。哪一个企业能够最快速地作出正确决策，并最快实施，它就能活下来。

当我们的企业可以面对和解决越来越大的问题时，就意味着它的优势和能力在提升。我想，你知道这意味着什么？一个企业的增长繁荣期不断拉长，就预示着它的生命周期在变长。

03 / 时势造英雄，大成背后的"康波"

已故的中信建投首席经济学家周金涛，曾经说过一句话："人生发财靠康波。"

我们提到过康波，它是指一个长达60年的周期。在这个周期中，共有四个阶段：复苏、繁荣、衰竭、萧条。人生发财靠康波的说法，与时势造英雄如出一辙。尽管这不能囊括所有的成功案例，但不可否认的是，许多成功的人，之所以能够站在金字塔尖上，的确有很大一部分原因是赶上了康波周期中的合适阶段，抓住了经济周期波动带来的机遇。

康波周期的时间跨度是60年，这刚好与我们成年后的余生之数相契合。周金涛分析说，在一个人60岁的人生中，其中有30年是参与到经济生活中的。这30年中，康波带来的财富机会只有三次。如果这三个机会任何一个都没有抓住，那么终其一生都难以拥有财富；只要抓住了其中的一个机会，至少可以成为中产阶级。

离我们最近的一个康波是1948年~1991年，这是有统计以来的第四次康波周期。现在的我们，正身处在第五轮之中。上一个周期的繁荣，最突出的是汽车与电子计算机的崛起，在此过程中，也涌现了一大批为人所熟知的创富者，沃伦·巴菲特就是其中之一。

纵观巴菲特的财富积累年鉴，我们不难发现，巴菲特的净资产是从 52 岁以后，才呈现出爆发性增长的。换句话说，他有99% 的财富都是在人生的后半场积累的。不可否认，巴菲特在投资方面很有头脑，但时间点也是一个不可小觑的因素。

巴菲特 52 岁时，恰好是 1982 年。结合康波周期来看，1972年到 1981 年，刚好是第四轮康波周期中的"萧条"阶段。其间，各类资产的价格都开始超跌，巴菲特后来赚翻的那些投资，有很大一部分都是在这个阶段抄底买入的。

从 1982 年开始，到 1991 年，第四轮康波周期中的上升阶段正式开始。那些在萧条时期超跌的优质资产，纷纷开始了重生，而巴菲特的资产也开始爆发性增长。选对了时间点，是巴菲特的智慧，更是踩准了时代的节拍。

中国有不少的"煤老板"，他们创造的财富神话是难以复制的，因为当时正值大宗商品价格暴增期。实际上，普通人也是一样，那些在 2008 年左右投资了房地产的人，大都实现了财富自由。现在，像北上广深这样的大城市，房价已经涨了十几倍，这样的财富增值，绝不是十几年工资积累可比拟的，这与勤奋努力无关，而是赶上了房地产的上升周期。

结合周期浪潮中的人事变迁，我们不得不承认一个事实：大成的背后，除了努力与勤奋，还有对时运的掌控。其实，这也是海尔 CEO 张瑞敏说的："没有成功的企业，只有时代的企业。"当时局变化和机遇摆在面前的时候，有人懵懵懂懂，有人趁势而起。

任何事物的发展，都离不开整个社会环境的配合；个人和企业，都是在社会的大系统中运行的。不管有多么优越的天赋，造就英雄的不仅仅是天赋，机遇也极其重要。

倘若社会大系统给我们时间机会，我们就可以顺势而为，运用和把握产业生命周期的发展态势；倘若大系统没有给我们时间机会，我们就要审时度势；不能轻信自身对外部环境因素的控制力，以至从整体上失去顺势而为、取势而变的机会。

04 / 巨星跌落神坛，大毁背后的轨迹

"你按快门，剩下的交给我们！"这句广告语曾经遍布世界各地，它是柯达公司创始人乔治·伊士曼在一个多世纪前提出的口号。1880年，乔治用自己的发明专利技术成立了伊士曼干版公司，成为胶片、胶卷和第一部给非专业人士使用的相机的研发者，并在1888年注册了一个自编的品牌名字"柯达"。

接下来的几年时间，柯达的产品不断优化，相机也变得愈发轻便小巧，容易使用。1950年，价格实惠又好用的8毫米电影相机问世；1963年到1972年，柯达傻瓜相机的生产总量超过5000万台，也越来越精巧，开创了大众摄影新时代。

可以说，柯达的成长过程是很顺利的，没有其他的竞争对手，核心技术也牢牢掌控在自己手里，发展势头非常迅猛。到20世纪70年代中期，柯达已经垄断了美国90%的胶卷市场，以及85%的相机市场份额，销售网络已经铺到欧洲许多国家。到了20世纪80年代，柯达垄断了美国的整个摄影消费市场，并将相机送入太空，柯达创造的数码相机得到了世界的公认。1991年，柯达已拥有300万像素的数字相机，当时没有其他摄影产业可以撼

动它的地位。

2002 年之际，柯达在中国大陆市场有 8000 家门店，当时的麦当劳门店数量不过是它的 1/15。那时的中国，但凡是大型的商超，肯定就有一个柯达冲印。

看起来这是一片繁荣的景象，但其实危机和风险从未远离。

占据着影像图像领域前位的柯达，还沉浸在前一阶段的成功中，公司高层安于此状，没有进行技术创新，或是研发新的核心产品。但此时，整个产业已经在向数码转型了，而柯达的产品数字转化率只有 25% 左右，其竞争对手富士已经赶超了它，数字转化率达到了 60%。

据统计，在 2000 年~2003 年，柯达胶片的利润率下滑了 7%。2004 年，柯达停止了欧洲和美洲的传统胶卷相机销售，但它并没有利用数码上的成功及时填补这一缺口。2007 年，柯达狠心炸掉了胶片大楼，可即便如此，也未能挽回柯达江河日下的颓势。到了 2012 年，美国伊士曼柯达公司正式宣布破产。

曾经在胶卷市场叱咤风云的一颗巨星，就这样毫无悬念的陨落，消失在了人们的视野中，再提起来只有回忆。围绕柯达公司破产这一事件，产业界和管理学界都掀起了一波研究热潮。虽然结果莫衷一是，但这一案例至今仍有思考的价值。

重视企业的生命周期发展轨迹，时刻保持企业持续的盛年期

从管理学的角度来说，柯达失败的内因，是其管理层没有从

本质上对企业生命周期的理论和实践模型有深刻的认知，也不愿意相信自己的企业真的会沿着这个生命周期的轨迹来走，过分自信地以为自己的企业会基业长青。

柯达的管理层，大多数都出身于传统行业，大量重复于传统的胶片技术和产业链，对数字技术带来的变化方向没有敏感的觉察和预测能力。可以说，这是在战略方向上出现了重大失误，没有及时进行战略转型。当柯达内部陷入封闭、僵化时，外部的竞争对手却纷纷崛起，促使数字技术日新月异。

企业生命周期的创立者伊查克·爱迪思，曾利用管理学的生态观深入地阐述过企业成长与衰落之间的辩证关系。他提出，任何企业的成长与衰落都跟生物一样，是由灵活性与可控性两大因素之间的关系决定的。

当企业年轻时，通常都充满了灵活性，但在可控性方面的能力较弱；当企业逐渐老化时，这两个因素的关系就发生了逆转，可控性增加了，但灵活性减少了。当一个企业既有灵活性又有可控性时，它就同时具备了年轻与成熟的优势，表现得既有活力又有控制力，也就是发展到了"盛年"阶段。

依照爱迪思的观点，企业管理的最高境界应该是，保持企业持续的盛年期。但我们在柯达身上看到了，情况并不总是按照理论模型的设计发展，当柯达进入稳定发展的阶段后，它就呈现出了一系列的管理问题，沉溺于昔日的辉煌，对成长的期望值不高，丧失了冒险和创新的兴趣。当管理者无法有效和正确地处理这些问题时，企业就不知不觉滑向了衰落。

理解产业生命周期，要结合产业特性、新技术和消费者行为习惯等多重因素

从产业学的角度来说，任何一个产业的发展都会依循一个周期轨迹，依照产业生命周期理论，任何一个产品或产业的发展都会依循一个周期轨迹，经历一个轮回与再生的过程，即初创期、成长期、成熟期和衰退期四个发展阶段。

然而，许多位居行业领先地位的企业，却丧失了自我创新与控制能力，未能清晰地认识到，在人类社会进入新时代的今天，新事物的出现会瞬间改变一个行业的发展路径。毫无疑问，柯达公司就是一个典型。

在传统影像技术发展的巅峰阶段，柯达公司意识到了新的数码技术对影像产业的影响，并抢先于其他竞争对手，对数码技术在影像产业的应用实施了战略性的创新研究。可颇具讽刺意义的是，比产业竞争对手更早提出数码相机技术的柯达，最终却躺在自己的成功簿上休眠了。为什么柯达最早预见并实施了技术与系统创新，却没有持续下去呢？

有一条重要的原因就是，柯达违背了产业生命周期的理论和规律，过分相信可通过自身的努力延续原有产业的生命周期过程，甚至误以为只要掌握了核心的数码技术相机应用开发，就能从战略和技术上遏制新的数码技术对基于化学影像原理的传统技术的冲击，获得产业的持续发展，甚至形成另一个新的产业生命周期。

很遗憾，这只是柯达一厢情愿的幻想，它忽略了一个事实：以数码技术为代表的新技术，对于消费领域和产业模式的影响速

度是颠覆性的，对于消费者行为与习惯带来的影响程度也是颠覆性的。当日本的一些数码品牌发展壮大起来后，它们的消费类电子产品不仅仅是功能性的产品，更是成为全世界年轻人追逐时尚生活方式与价值取向的象征。

　　柯达的失败告诉我们，对产业发展周期的理解，要充分结合产业特性、新技术与消费者行为习惯等多重要素，才能把握和顺应产业发展的方向。如若不然，违背产业周期规律而动，必然会陷入败局。

　　综上所述，希望我们的企业能够从中收获一些启示，重视生命周期的理论与实践模型，并在新技术、新模式的影响之下，不断动态分析产业生命周期的演进路线，保持足够的敏感性，运筹帷幄、及时决策、系统实施，从而保持可持续的生存与发展空间。

05 / 潜在的变局，是风险亦是机遇

影像巨人柯达的没落，令人唏嘘不已。

我们都知道，柯达进入数字照相行业并不晚，甚至是数字摄影技术的发明者。结果，这个"生"了数码相机的先驱者，最终，却"死"在了数码相机上。

若问是谁"杀"了柯达？最贴切的答案莫过于——周期。

任何行业都存在一个生命发展周期，它包括四个阶段：幼稚期、成长期、成熟期、衰退期。以成熟期来说，有的行业短一些，有的行业长一些。那些成熟期长一些的企业，往往会给企业带来一种错觉，认为这个行业将永不衰退，从而忽略了潜在的变局正在到来的危险。

柯达之死，恰恰是因为它忽略了行业生命周期的兴衰规律。

柯达没有意识到，传统相机行业即将迅速衰落，没有认识到一个替代性的新行业、新周期、新机会，正在悄悄地降临。它没有根据新老周期交替变化的节奏进行调整，而是花了更多的精力去挽救传统业务。结果，就在它停滞不前之际，它的竞争对手创造了更多的新机会。

从"看不见"到"来不及"之间的距离，实在太短了。"生"与"死"，往往就在一线之间。

我们不能说，柯达不够努力；我们也不能说，柯达没有优势。可若忽视了周期法则，所有的努力和优势，都将变得没有意义。没有成功的企业，只有时代的企业，而这个"时代"，是与周期息息相关的。

透过柯达的生死轨迹，我们看到了周期法则的重要性，也从中获取启示。

启示一：周期不可避免，时刻保持危机意识

自然界有春夏秋冬四季轮回，企业所处的行业也存在兴衰循环，这是不可避免的规律。为此，企业要时刻保持危机意识，为迎接新的周期预先做好准备，就像比尔·盖茨告诫他的员工时所言："微软离公司破产，永远只差 18 个月。"

这不是危言耸听，制造紧迫感，外部的行业环境变化充满了不确定性，变化可能快速降临，等到所有人都看见了变化，再应对也就来不及了。正因为此，微软员工时刻保持危机感，不断快速地从老周期跳到新周期，短短 20 年的时间就发展成世界最大的软件企业。

启示二：不向周期认命，抓住机遇即是新生

任何一家企业都活在周期之中，没有谁能够躲避或绕行，只

能面对。周期是一个挑战，但同时也是机遇，谁能成功跨越，谁就能迎来新生。

复星集团从最初的一家创业公司，发展到今天成为在全球拥有 6000 多亿资产的产业集团，在过去 27 年的发展中，成功地跨越了一次又一次的周期。当中国经济处于高速增长时期时，复星集团开始做全球布局，因为它意识到，可能全球其他地方的经济尚处于低增长中，可利用中国高速增长带来的经验去抓住低增长地区的一些机遇。

葡萄牙是复星集团在国外最重要的投资国家。2014 年，葡萄牙经济跌到低谷，复星集团敏锐地意识到了这可能是葡萄牙的经济拐点，故而出手收购了葡萄牙最大的保险公司 Fidelidade（忠诚保险）。这家公司的财产保险和寿险占葡萄牙国内市场的 1/3 左右。这就意味着，有 1/3 的葡萄牙人都成了复星集团的客户。随后，复星集团又收购了葡萄牙最大的医疗服务集团 Luz Suade。2016 年，复星集团成为葡萄牙最大上市银行 BCP 的第一大股东。之后的两三年，葡萄牙的经济开始复苏，增长很快，国际评级也提升了。

周期，既是风险，也是机遇。对企业来说，要为将来发展可能遇到的各种风暴提前做好准备，具有危机意识。但，不必总盯着周期可能带来的毁灭结果，还要在周期中寻找机会，该收则收，该放则放，力求实现跨越式的发展。

06 / 悲剧的注脚:不动作 VS 乱动作

在周期的挑战面前,每一家企业都希望自己可以跨过去,逆势增长。

无奈的是,跨不过周期的故事,实在太多了。中国的商业环境中,呈漩涡式下沉或消失的中小企业,就是最鲜活的例子。当然,这与规模大小没有必然的联系,因为世界上也有许多知名的巨头公司,也因周期而亡。

就像我们前面一直在谈的柯达,它在胶片相机时代,占据了2/3 的市场规模和90% 的利润,且早在 1975 年就做出了世界第一台数码相机。这说明,柯达并不是没有前瞻性的。在 2000 年之际,胶片市场开始萎缩,柯达眼睁睁地看着市场拐点降临,却依旧在走老路。

究其根本原因,这与柯达的领导层有直接关系。柯达是从模拟影像走向成功的,它的高管大都是化学领域的佼佼者。如果柯达从模拟走向数码,这一变革不仅仅是业务上的转型,也包括人才与资源配置的转型,会牵动它的利益格局。

面对这样的变局,柯达的利益层为了保住自己当下的利益,主观上选择了忽视，抗拒周期的变化，没有应变的决心，更没有拿出任何的动作，最终导致了柯达的败局。

实际上，柯达不仅仅是个案，它也是在面对变化时，一大波企业的缩影。

早期，这些企业都尝到了周期红利，可谓是某一时期某一领域的赢家。就如同《谁动了我的奶酪》中的两个小矮人。起初，他们和两只小老鼠同时发现了一个储藏着大量奶酪的仓库，就开始在那里构筑起幸福的生活。然而，过了许久之后的某日，奶酪突然不见了！置身于商业战场，这就是一个市场拐点，预示着某一周期结束，即将进入新的阶段。

在舒适的环境下享受着周期红利带来的美妙体验时，很少有人担心"奶酪"会不见。殊不知，企业发展到一定程度，就会出现那个阶段特有的问题，这里存在一定的必然性，就如同是必经之路，根本不可能绕过去，一定要有心理准备。

当然，也有像柯达这样的企业，核心利益层为了当下的利益，主观忽视、抗拒面对周期变化，他们习惯把优质的人才和资源配置在过去的事情上，企图通过追加投入挽救已经成为过去的事物，或是让过去的事物重获新生。

经营惯性的表现是路径依赖，而路径依赖的本质是能力依赖。当严峻的外部环境逼迫企业走出舒适区时，许多企业已经积重难返了。不能适应新环境，不能丢下过去的玩法，不能抛弃让自己沾沾自喜的制造能力，不能远离那些假大虚空的口号，不能把自己"归零"，就很难客观地、理性地看待周期变化，看清未来的趋势，最终的结果自然就是惨遭败局。

面对周期变化，岿然不动并非良策，但是胡乱动作也是大忌。

1939 年，戴维·帕卡德与威廉·休利特在车库里开始了创业之旅，并以抛硬币的方式，决定了谁的姓氏放在公司名字的前面。然后，这个世界上就有了——惠普——硅谷的第一个明星企业。这是惠普的雏形，其孕育的赋予创业者能量的车库文化，也随之成为一种创业潮流，在日后催生了苹果、谷歌等公司的诞生。

惠普有一个著名的车库法则，其核心就是创新、创新、再创新。可以说，惠普是硅谷创新企业的楷模，也是 IT 企业的管理启蒙者与长期学习的对象。这样一家具有创新精神的企业，坚持在研发上大幅度投入，倡导激发员工的主动性，并为员工提供利润分享。看起来是非常理想的一幅画面，它在应对周期问题时，又出现了什么样的状况呢？

在 2000 年以前，IT 的中心是计算机；在 2000 年以后，IT 的中心变成了互联网；现在，IT 的中心又开始向云迁移。从 2000 年开始，惠普连续换了四任 CEO，进入战略摇摆期。

第一任 CEO 宣布，惠普的目标是要成为 PC 业的霸主。于是，惠普在 2001 年斥资 250 亿美元收购了康柏，这也是一个 PC 大品牌。不过，这样的动作并没有达到预期的效用，无论是收入还是利润，都没有得到扩大与提升。

第二任 CEO 认为，惠普需要做企业业务。为此，在 2008 年之际，惠普斥资 140 亿美元收购 ED（电子资讯系统公司），这是继普惠收购康柏之后，一次最大规模的收购案。想法很好，但没料到整合并不成功。紧接着，惠普又想做手机，于是收购了手机厂商 Palm。

收购是需要花钱的，惠普的两任 CEO 在并购上支出了太多，因此，降低成本就成为一个亟待解决的问题。怎么办呢？惠普选择在研发投入上缩减开支。原来，惠普每年的研发投入占收入的8%，调整后变成 3%，整整下调了 5%！

结果怎样呢？不出意料，惠普开始丧失在技术方面的领先优势。

第三任 CEO 主张聚焦企业业务，先把第二任刚刚收购来的Palm 卖掉，放弃在手机方向的发展。同时，他还宣布，要把 PC也卖掉。不过，后来没有成交，可这样的举动却给惠普的内部士气带来了沉重的打击，同时，也影响了外部合作伙伴的忠诚度。事情到此还没有结束，这一任 CEO 随即又斥资 110 亿美元收购一家公司。

待第四任 CEO 任职后，他的任务很明确，也很艰巨，就是两个字——维稳。因为这个时候的惠普，已经和最初的惠普大相径庭。

原来，它是重视创新的楷模，而今却因削减研发投入丧失了技术方面的先进性；原来，它倡导激发员工的主动性，可这十几年来的一系列动作，早已挫伤了企业的凝聚力，员工们也是患得患失，惊恐不安；原来，它为员工提供利润分享，可这一幕已经永远成为历史了。

就这样，原本最优秀的科技公司惠普，无奈拆分成了两家公司，分道扬镳。

如果说柯达的悲剧是因为不动作，那么，惠普的悲剧就是乱动作，没有战略框架与定力，几任 CEO 为了短期的业绩临时找突破口，胡乱下赌注，最终伤了惠普的根基。

　　跨越周期是一个大事件、大问题，看不见、不作为，俨然是不行的；乱下注、猛突围，也是行不通的。企业需要明晰一个事实：周期，并不是此刻要解决的问题，我们要做的是未雨绸缪，长期、持续为跨越周期做准备。这样，才不会慢了节拍，或是乱了阵脚。

07 / 变化永远存在，能预测者能预防

有一次，客户跟我聊天，抱怨自己的公司总是频繁地出问题，头疼不已。实际上，他这家公司成立两年，收入从 0 增长到 3000 万，经营得还不错。我问他："你期待公司是一个什么样的状况？或者说，你认为什么时候公司会没有问题？"客户笑了，说："关门那天吧！"

经营企业和经营生活，有很多相似之处。你永远不能指望生活平顺得像一条直线，那就失去了生活的味道和意义。就算你解决了眼下的问题，解决掉了一批问题，也不代表今后可以一帆风顺。你的解决方案，可能还会导致下一批问题的产生。什么时候能把问题全部解决掉？答案只有一个：永远不会。

成长，并不意味着所有的问题都已经解决了，它只是意味着你可以处理更大、更复杂的问题。反过来，能够面对和解决越来越大的问题，也就意味着一个人的优势与能力在提升。在这一点上，企业的成长与个人的成长，如出一辙。

为什么很多管理者惧怕问题？其实，他们惧怕的不仅仅是问题本身，而是变化。

　　任何一个系统，无论它是否会呼吸，都存在生命周期。人有年龄，树有年轮，地质学家会告诉我们，石头也分年轻和古老。既然有生命周期，自然就少不了变化。随着系统的变化，事物会崩溃、会解体，变化越快，解体也越快。问题，就是因变化而引起解体的征兆。

　　面对问题，如果管理者不能采取正确的干预，企业就会走向衰老和死亡。所谓正确的干预，就是对企业出现的每一个问题进行成功的诊断，正确地找出是什么正在分离破碎？然后，把这些分离破碎的部分整合成一个新的整体。领导的作用，就是管理好必要的变化——即带来新问题的变化，把公司重新整合以解决这些问题。

抗拒问题，实则是惧怕改变。

　　那么，是不是防止变化的发生，就可以防止系统分离破碎呢？

　　很可惜，这种假设是错误的，且十分危险！如果你不承担起责任，保证系统按照你所希望的方式来分离、重新整合、进入稳定状态，那么，它就将以自己的方式发展，状态会越来越糟糕。所以，不作为救不了企业，原本你可以干预，但却把权力拱手让给了外部的力量。

　　想通过减少变化来减少问题，无异于自杀。想要活下去，就要更好地学习如何来适应和管理变化。在这个变化加速，生存挑战愈发复杂的环境中，能够幸存下来的，一定是那些最快速作出正确决策，最快速实施这些决策的企业。

迅速做出错误的决策，并迅速地加以实施，正是制造灾难的开始。最终，产生的问题要比正试图解决的问题还要糟糕。如果竞争对手比你更快地作出正确决策；或者你及时作出了正确的决定，但没有先于竞争对手去执行，那也难以兴旺发达。

那么，如何才能朝着正确的方向前进呢？

我们都有过在陌生城市开车的体验，在那样的环境下，车速的快慢取决于开车人对道路的熟悉情况，你知道哪儿有转弯，弯度多大，就可以提前做好准备，主动地、快速地应对。如果不熟悉路况，那么对开车人来说，每个路口都藏着危机，决策和行动就会变得缓慢。突然冒出来的任何一个障碍，无论大小，都让人猝不及防。

"能预料者，能预防。"这也是我们学习和了解周期的意义所在。跨越周期背后的深层能力，就是发现周期的变化，找到支配周期变化的规律，提前预测变化，继而采取正确的决策。

当企业沿着自己的生命周期轨迹发生变化的时候，系统都遵循可预测的行为模式。当我们知道外界环境发生了怎样的变化，并知道企业处在哪一个生命周期阶段时，我们就可以提前知道企业将要面临什么，而出现的问题也不会让自己感到意外。这样，就不至于束手无策，或是胡乱行动，而是可以更快更好地处理。

08 / 正常问题是过渡，异常问题是死环

　　现代父母在养育孩子的过程中，可能会有这样的体验：孩子在不同的成长阶段，总会冒出一些该阶段特有的问题。当成功克服了这些问题后，孩子就迈入了一个全新的发展阶段，如果问题没有处理好，它可能会在孩子今后的某一人生时刻爆发出来。

　　实际上，这也符合心理学家埃里克森提出的"人生发展八阶段理论"，他认为：任何年龄段的教育失误，都会给一个人的终生发展造成障碍。如果在各个阶段都保持向积极品质发展，就算完成了这阶段的任务，逐渐实现了健全的人格，否则就会产生心理危机，出现情绪障碍，形成不健全的人格。

　　企业在不同的生命周期阶段，也会面临某些挣扎，以及必须克服的某些困难或过渡期的问题。换句话说，当企业从一个生命周期阶段过渡到下一个阶段时，问题就会出现。成功的管理，就是不断地去解决这些问题。

　　前面提到过，有一位客户向我抱怨公司问题太多。实际上，他在跟我描述那些问题的时候，我发现那些问题并不如他说得那么严重，我甚至主动描述了自己面临的管理问题，给他作为参考。

当时，他表现得特别惊讶："你也有这样的难题？可你处理得很妥当啊！"

我听到这个说法时，也觉得惊讶：大家同为企业的管理者，他怎么会认为，我这里就不存在问题呢？事实上，每个人都有问题，即使是看似轻松处理所有事情的人，也像是湖里游泳的鸭子，表面看起来镇定自若，脚底下却在疯狂地划水。

问题肯定是存在的，但有一点要明晰：**不是所有的问题，都属于"正常问题"**。

什么叫正常问题？为了学习新的行为模式，企业必须放弃旧的模式。**当企业花费精力努力从旧的行为模式有效转换到新模式时，这种情况下的问题都属于正常问题。但，如果企业把精力徒劳无益地耗费在试图清除导致变化的障碍上，那它就会遭遇异常问题。**这种异常问题被长期拖延得不到恰当的干预，企业的生存就会受到致命性的威胁。

企业无法避免正常问题，因为它需要学习、发展，就如同孩子学习走路，需要在摔倒中学会走路。公司要学会如何配置资源、制定制度、作出决策。为了提升自己从而进入企业生命的下一阶段，它必须具备记忆，记住过去的经历。

从本质上看，**正常问题是过渡性的**，你遇到它们，解决它们，从问题中学习，然后继续前进。**异常问题却是一个死环**，你在这个跑道里不停地绕圈子，问题一次又一次地重复出现。你不断地遇到你觉得已经解决过的问题，但它们又在不断地以新的面孔或新的表现形式出现。有时候，你努力地想要解决它们，却产生了不希望看到的副作用。

异常问题会造成不必要的痛苦，导致公司发展缓慢，同时阻碍公司能力的发展，使公司受困于生命周期的某个特定阶段。

存在正常问题的企业，不需要外部干预，解决正常问题是公司管理者的工作。企业会遇到问题，是因为它尚未开发出某些能力。在不断解决这些问题的过程中，就培养出了沿着生命周期阶段前进所需要的能力。但是，存在异常问题的公司，就需要定期的外部干预，从而引领公司进入盛年期，并保持在那种状态。

要成为成功的领导者，必须集中精力诊断公司的疾病，要能够区分正常问题与异常问题。一言以蔽之，正常问题是公司为了进入生命周期下一个阶段而需要经历的那些过渡性问题，异常问题是公司无须经历的，是需要警惕和绕开的问题。

以初创企业来说，缺钱是很正常的事，属于正常问题。企业为了发展需要的资金数量，远远超过其自身产生资金的能力。如果企业管理者看到了这个问题，并能够提前预测到，可以通过妥善的财务规划，克服这一问题，同时获得进一步的发展。

如果管理者活在想象的世界，拒绝承认资金短缺是一个问题，抑或努力说服每个人都相信，资金问题很快会解决，会从某个愿意出资的人那里得到支持。那么，这就是异常问题了。很有可能到最后，企业陷入败局，而创始人却不知道发生了什么，不知道输在哪儿。

企业在发展早期的幼小阶段，多数领导者都会进行专制型的管理，这也无可厚非。就像父母要告诉孩子做什么一样，创始人需要对企业全面控制，才能保护好企业的利益。但随着企业的发展与成熟，这种专制型的管理方式就需要改变了，这也是一个必经的问题。此时，如果领导者既不改变自己的领导风格，也不自动退出，交予合适的人来管理，那问题就严重了，对企业的生存发展都会造成威胁。

可以这样说，在企业生命周期的任何阶段，领导者都要积极应对正常问题，消除异常问题。唯有这样，企业才可以进展到生命周期的下一个阶段，并经历一系列新的正常问题。

你的企业处在生命周期的哪一阶段？

美国管理学家伊查克·爱迪思提出的企业生命周期理论，从企业生命周期的各个阶段分析了企业成长与老化的本质和特征。那么，作为企业管理者的你，是否非常清晰地知道，自己所带领的企业正处于生命周期的哪一阶段呢？

这是一个不容小觑的问题，需要企业管理者详细了解企业生命周期不同阶段不同时期的特点，并知晓在不同阶段和时期的关注要点。爱迪斯认为，企业生命周期与人的成长和老化过程很相似，可分为三个阶段九个时期，即：成长阶段（孕育期、婴儿期、学步期）、成年阶段（青春期、盛年期前期、盛年期后期）、老化阶段（贵族期、官僚初期、官僚期）。

第一阶段：成长阶段

孕育期

这是企业生命周期的第一阶段，但它不仅仅指从无到有的创业，"二次创业"也在其中。

企业在孕育期的关注点是想法，以及未来的可能性。 在这一时期，创始人的主要动机是满足市场需求，创造附加价值，当他对自己的构想作出承诺并付诸实施后，企业就诞生了。企业诞生后，承诺的坚定程度决定企业的存活。

企业在孕育期，需要的是一位务实的创始人，他必须是有高度承诺的人，同时，他也会用一只眼睛盯着现实。既有对自己想法的坚定承诺，同时，也愿意从真实体验中学习，兼具感性和理性，有狂热坚定的信念，也愿意接受理性的现实。

婴儿期

在兴奋与期待中诞生的新企业，会忙着探索它的领域，忙碌与劳累是必然。这一时期，企业的运作尚未形成规章制度，创始人有绝对的控制权，产品价格弹性空间大，质量相对不稳定，各项工作的配合也不是十分默契，业务方向随着客户的需求随时改变，经常会出现流动资金不足的状况，在销售量大幅度提升时更为明显。

在婴儿期，企业依然需要一位有坚定信念、精明能干的领导者。但，此时重要的不是他有多么伟大的构想，而是他做了什么。企业不可能长期停留在婴儿期，如果没有一个出色的领导者，没有强大的执行力，在筋疲力尽之后，企业就会在抱怨声中夭折。所以，**这个阶段最重要的任务就是强有力的执行。**

学步期

经过前期的辛苦奋斗，企业取得了一定的成就，业绩和收入逐渐稳定，这时候，企业就进入了学步期。此时的企业，有种守得云开见月明的畅快感，自信心十足，自我感觉良好。有了宝贵的资金，想法多了起来，就会想到多元化发展，扩充业务或成立子公司，犹如一个刚刚学会走路的孩子，总想四处活动，不知危险为何物。

学步期的企业在决策上喜欢凭直觉，决策快、弹性强、活力旺。在这一时期，创始人经常会有投资其他事业的冲动，因而，此阶段的企业，创业精神与执行能力都处于高速发展中。

第二阶段：成年阶段

青春期

随着企业规模的不断扩大，团队迅速膨胀，但人员的经验、能力与想法不尽相同，很容易产生矛盾。创始人希望团队能够协助自己完成目标，又想要维持有效的控制，此时就需要组织建立管理制度，从而实现规范化管理。

可是，创业团队通常都是冲劲十足的行动派，他们不按照常理出牌，总喜欢跟着感觉走，因此，制度很容易遭到破坏。同时，在制度化的过程中，既得利益者的权益也可能会遭到损害，故而会遭到一些老功臣的阻碍。

创业派与制度改革很容易形成冲突，创业成员认为制度化是形式主义，用过去的成功经验去否定它，这也导致许多公司难以渡过这个阶段的危机。对企业而言，青春期相当于一次重生，如果说婴儿期是形态的塑造，那么，青春期就是要在感情上脱离创造者，重塑自我。

企业制度通常会在学步期企业的管理者出现问题之后，快速获得认同。管理者意识到，公司需要某种程度的稳定、秩序和优先级。因此，**企业在青春期阶段，最重要的任务就是把注意力从外部转移到组织内部。**

盛年期前期

企业经历了青春期，建立了规范化的管理制度，而后开始向盛年期前期迈进。这一时期的企业依然忙碌，但忙而有序；会频繁投资和创新，但考虑得更加缜密和理性。可以说，企业在稳定与速度之间达到了一个平衡，管理也开始变得有深度。

此时的企业面临着很多机会，功能性人才已经逐渐成熟，但缺乏具有综合管理能力的高级人才。这一时期，是企业生命周期中最辉煌的阶段，公司成熟又不失活力，既有控制力又不缺乏弹性，业绩和利润可兼顾。

盛年期后期

当企业在行业中成为领先的佼佼者，获利情况相当稳定，各项业务的运作成熟起来后，就进入了盛年期后期。这一时期，企业的规章制度完善，福利增加，但随着组织的复杂化，沟通的需求开始增加，会议也变得频繁，表面看上去一片繁荣祥和，但企业的拼搏精神与创新力开始走下坡路，企业内部创新减少。如果企业的接班人害怕犯错，就会循规蹈矩，从而让企业踏上老化的道路。

　　盛年期后期的企业依然强健，但逐渐开始丧失弹性。公司的气氛变得比较正式，会有人提出新的想法和意见，但很少得到积极的响应。公司的业绩依旧呈现增长的曲线，但已经埋下了衰退的种子，因为创新精神正在减退。

第三阶段：老化阶段

贵族期

　　进入老化阶段后，企业和员工的自我保护意识就开始不断增强，与客户的距离无形中变得越来越远，企业的活力也开始下降。在这一时期，企业会以自我为中心，在控制系统、福利措施和一般设备上投入更多；愈发强调做事方法，而不过问内容和原因；愈发重视形式，拘泥于传统，缺少创新机制……总之，企业的执行力开始下降，功能性活动减弱，形式性活动增强，组织成员一起和稀泥。这一时期，犹如暴风雨来临前的宁静。

官僚初期

　　企业在官僚初期最显著的特点是，内部冲突频发，谣言不断，企业各部门的注意力都集中在内部地位之争上，更多地强调谁造成了问题，而不去思考如何弥补和挽救危机。如果官僚初期爆发的问题不能及时得到解决，企业就会陷入一个狭窄的空间，最终进入死胡同。

企业在这一时期，最常见的问题是逐渐丧失服务客户的能力，因为组织成员的注意力都集中在内部，无暇顾及外部的客户。

官僚期

之所以称之为"官僚"，就是只依靠规定办事，不问原因。官僚期的企业看起来很庞大，实则很虚弱，不堪一击。这一时期，企业已经缺少把事情做好、推动改变和团队协作的意识，极力地试图降低不确定性，只有制度、表格、程序和规定，严重损害了组织的弹性。

爱迪思强调："成长和老化既不取决于企业大小，也不在于时间长短。百年老企业仍可灵活如初，年仅十岁的企业却可能官僚无比。"这一句话点出了实质，创业精神是组织的生命之源，丧失了创业精神，组织必然会走向死亡。

看完上述的详尽介绍，相信每个企业管理者都会陷入思考中：我的企业正处在生命周期的哪一阶段、哪一时期？它呈现的是一种什么样的状态？接下来会发生什么？创始人和团队成员该做好什么样的准备？

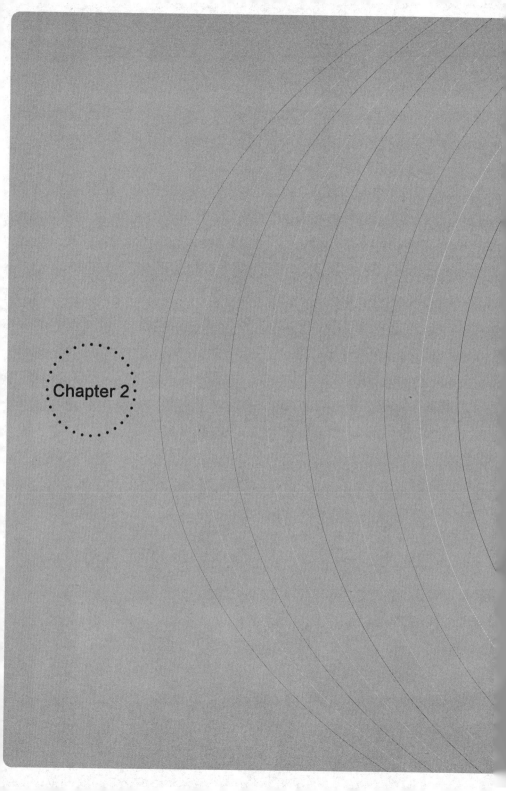

Chapter 2

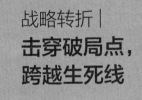

战略转折 |
击穿破局点，
跨越生死线

"穿越战略转折点为我们设下
的死亡之谷，是一个企业必须经历
的最大磨难。"

01 / 战略转折点上的生死浩劫

英特尔公司总裁格鲁夫说："当一个企业发展到一定规模后，就会面临一个战略转折点。"

这句话是什么意思呢？我们需要回到企业生命周期曲线上去看。

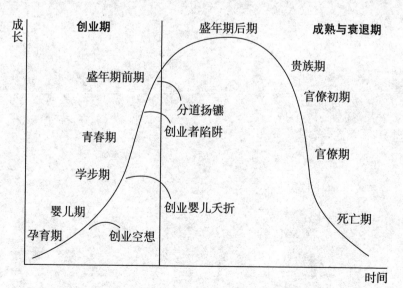

企业生命周期曲线

此图横纵坐标互换（横轴为"时间"，纵轴为"成长"）

企业生命周期曲线，是一个非常理想的状态。遗憾的是，很多企业在实际的发展过程中，由于种种原因，并不是按照这个曲线走的，它经常会跟正常曲线分离，在中途没落。

一个企业的走向，无论是上升还是下降，都意味着出现了较大的变化，这一转折点是非常重要的。在企业的生命周期曲线中，我们不难看出，这样的转折点很多，特别是在两个阶段交替的时期。倘若能够战胜这一点，突破这个极限，企业就可以继续发展，否则就会走下坡路。

从这个层面上来说，企业的战略管理，不能只考虑在一个平台上实现量的增长，还要不断去构筑新的平台；不能一味地留恋过去的框架，沿袭过去的一套成功方法和经验。只有做生命周期阶段的突破者，才能够一次又一次地实现企业蜕变，实现持续的正增长。

换言之，当企业发展到一定规模时，你要改变自己的管理方式、管理制度、组织架构，如果仍沿用过去的办法，就很难驾驭和掌控企业，更谈不上永续经营。

多年前，有一个日本人提出："全世界企业都存在'1000万障碍'。"他的意思是说，很多企业在收入不到1000万的时候，做得非常出色，一旦超过了1000万，就开始朝着衰落的方向走。为什么会出现这样的情况呢？

在1000万以下的时候，基本上都是依靠创业者个人来管理，或全家人一起管理，也就是"家族式企业"的模式；可超过1000万以后，再盯人就很困难了，这个阶段就必须摒弃依靠人管理的方式，而是要用制度去管理。

企业在发展过程中，不同阶段、不同规模，就要选择不同的管理方式。这就好比，你不能用对待幼儿的方式，对待一个青春期的孩子，更不能用这样的方式对待一个中年人。在创业初期，你需要亲力亲为的事很多，可发展到一定规模后，就得学会并敢于授权。

在企业生命周期曲线上，每个阶段临界状态的转化，都可以称之为"战略转折"。战略转折点也叫危机点，包含着危险，也蕴藏着机遇。决策的正确与否，会让结果大相径庭。

北京原来有一家老字号糕点厂，早年生产了一种叫做"金响卷"的食品，生意一下子就火爆了。短短两年时间，产品卖到了全国二十几个省，还出口到了国外。很快，企业就进入快速发展期，一条生产线昼夜生产都供不应求。

企业的管理者见此情势，立刻决定扩大规模，再添三条生产线。结果，三条生产线还没有安装，销售情况开始走下坡路，外面的欠款有1000多万元都收不回来，企业难以为继。现在，这家老字号早已不复存在。究其原因，无外乎就是，只看到机遇，未分析风险，在转折点上出现了失误，导致败局。

同样是做糕点的企业稻香村，当它发展到一定规模后，高速增长的势头渐渐散去，进入缓慢增长阶段，且在20世纪90年代末期，它所面临的市场和环境也发生了巨变。稻香村意识到，继续以过去的产品、服务和经营方式、管理能力去面对未来，肯定是行不通的。为此，在这个转折点上，它选择了跳出经验、打破传统，为发展而主动求变，挑战自我，构筑新的平台。结果，我们看到了，时隔二十年，稻香村依旧屹立在市场中。

　　这也提醒了广大的企业管理者，要从盲目的梦境中走出来，清楚地知道自己的企业目前所处的生命阶段，警惕战略转折点上的危险，同时抓住机遇，采取新的管理方式和手段，才能平稳地渡过这场生死浩劫，实现突破与蜕变，健康成长。

02 / 谁预示着战略转折点的到来

英特尔公司的总裁安迪·格鲁夫被誉为"硅谷偏执狂",他在《只有偏执狂才能生存》一书中,这样定义"战略转折点":"就是企业的根基所在即将发生变化的那一时刻。这个变化有可能意味着企业有机会上升到新的高度,但它也同样有可能标志着没落的开端。穿越战略转折点为我们设下的死亡之谷,是一个企业组织必须经历的最大磨难。"

这句话警示着所有企业,能否意识到自身正处在战略转折点时刻,意识到此时此刻已经到了必须作出选择的时候,是考验一个企业的智慧与勇气的标志。看到此处,相信会有不少人在思考:战略转折点出现之前,有没有什么迹象呢?如果有迹可循,就像对自然灾害的预测,提前发现端倪,便可以更好地进行准备。

的确,成功不可复制,失败或可避免。结合多年的咨询实战、学习和积累,以及对众多案例的分析,我发现**绝大部分的企业衰败都与四种情况有关**,在面对这四种挑战时,通常就是企业走向衰落的时刻。**这四种挑战分别是:技术变革、大规模并购、**

风险投资涌现、陌生人出现。从另一个角度来说，它们也可以被视为战略转折点的一些预兆性景象。换言之，当这些情况露出端倪时，企业就应该提高警惕，意识到可能要迎来一场"暴风雨"。

预兆 1：技术变革

当一个行业中，不断有新专利"井喷"后，就说明技术正在发生很大的革新，新的核心技术即将出现，这是转折点到来的一个预兆。我们都知道，专利是一种无形资产，是提升企业竞争力的重要手段。那些掌握了专利技术的企业，在一定时期可以凭借专利控制区的竞争优势，从而让整个行业的格局发生巨变。

预兆 2：大规模并购

2015 年是中国互联网产业变化莫测的一年，那一年发生了很多事情。

2 月的情人节之际，滴滴 CEO 程维与快的 CEO 吕传伟，共同发布公开信，宣布滴滴与快的正式合并，让二者持续两年的"补贴大战"至此终结。

同年 4 月，58 同城和赶集网也结束了长达十年的"战争"。起初，二者都是做分类信息网站的生意，业务重点集中在招聘、二手车、房产三大领域。但从 2014 年开始，二者都开始朝着

O2O 进军，加快在细分产业领域的布局，只是侧重点各不相同。58 同城侧重生活服务，赶集网则通过内部孵化的方式培育汽车、房产等相关项目，推出上门洗车服务，并在 2015 年与房多多达成战略合作。在双方大举进军 O2O 的情形下，原来的分类信息业务变得不再那么重要，而 O2O 也成为二者全新的增长点，它们实现了"1+1>2"的效果。

2015 年上半年的并购案，已经让人瞠目，但"合并潮"并未就此散去。10 月金秋之际，美团网和大众点评网联合发表声明，双方将共同成立一家新公司。毫无疑问，这又是一桩强强联合的案例。就在同月，携程宣布与百度达成股权置换交易，作为去哪儿网"金主"的百度无疑成了最大的赢家，这也标志着，在线旅游领域的前两名完成了整合工作。

实际上，2015 年发生的并购案不止这些，还有世纪佳缘与百合网牵手，美丽说与蘑菇街合并，腾讯文学全资收购盛大文学……对于这样的现象，美团网创始人兼 CEO 王兴指出："互联网竞争的下半场开始了。"

为什么这些头部企业要实行大规模的并购呢？原因就在于，这个行业在经历了一段时间依靠技术和商业模式推动的变革后，技术变革的效应开始递减，头部企业希望通过并购来巩固自己的市场份额，继续扩大规模、实现垄断。

2015 年对于互联网行业来说，无疑就是一个明显的转折点。这个实例，也给众多的企业提了个醒：当行业中出现大规模并购，尤其是头部企业开始出现这样的举动时，就意味着转折点出现了，一定要重视。

预兆 3：风险投资涌现

我们要明确一点，风险投资投的到底是什么？是风险，但也是可能性。在这种可能性的背后，有资本、技术和商业逻辑作为支撑。从 2014 年到 2018 年，中国的风险投资主要出现在金融、医疗、零售、文化、K12 教育这几个领域，因为这些产业已经进入边缘式创新的危机期，战略转折点到来了。

预兆 4：陌生人出现

当你去参加某个熟悉的行业会议时，发现参会的人中不都是熟悉的面孔，甚至有 2/3 的人是过去不曾见过的。面对这些陌生的全新竞争者，一定要提高警惕。因为新竞争者带来的可能是全新的理念，或全新的工具，这些都可能对原有行业的发展造成巨大冲击，新的商业模式或许已在萌芽之中。

底特律曾经是一座闻名世界的汽车城，因为福特汽车公司生产的世界上第一辆 T 型车就是在底特律诞生的。这辆车问世五年后，福特引进了全世界第一条汽车流水装配线，实现了大规模批量生产，成本大大降低，汽车逐渐成为一种大众产品。

后来，克莱斯勒与通用汽车的总部也开始聚集到底特律，这里变成了美国汽车产业的重要区域。可是，就在 2008 年，福特公司推出 T 型车 100 周年之际，底特律正准备纪念这一伟大事件的时候，却发生了这样的一幕：通用和克莱斯勒破产了，而福特也陷入巨大的亏损中，并将亏损的沃尔沃以 15 亿美元的价格卖给了吉利。

五年以后，也就是 2013 年，底特律正式宣告破产，成为美国历史上规模最大的破产市政府。面对这样的窘境，美国总统当然要想办法挽救汽车产业，当时在任的总统是奥巴马，但他没有去底特律，而是去了硅谷。因为，硅谷出现了一个汽车行业前所未见的"陌生人"，埃隆·马斯克，一个曾经立志要成为火箭专家的人。就是这个陌生人的出现，对原有的汽车产业造成了跨界打击，因为他推出了新能源汽车特斯拉，被誉为"汽车界的iPhone"。

中国有句古语："明枪易躲，暗箭难防。"顾名思义，已知的对手并不可怕，最难招架的对手是我们不知道的、藏在暗处的。回想一下诺基亚，我们的感触可能会更深，现实真的是——那些即将消灭你的人，迄今未出现在你的敌人名单上。

对企业特别是行业中的头部企业来说，更要重视这一点。在提升自身竞争力的时候，决不能只关注行业内部现实的竞争对手，还要关注目前可能进入这一行业的陌生对手。很有可能，某个"陌生人"会从其他行业跨界进入该行业，迅速抢占大量的市场，就如马化腾所言："能够战胜微博的，一定不是下一个微博。"

03 / 没有预测，就没有决策的自由

战略转折点的变化往往是在暗中逐渐聚集起来的，你知道有变化，却不知道什么在变。没有人会事先为你敲响警钟，提醒你已经站在了转变的边缘，这是一个渐变的过程，各因素悄悄积聚，并开始改变企业的特性。每个企业在发展的道路上都会遇到战略转折点，有的企业利用这个转折点走上了辉煌之旅，而有的企业则成了明日黄花。

为什么会有如此大的差别呢？我想，这个问题与企业领导者有密不可分的关系。

多数企业在进行战略分析时，都会对经济因素、人口统计因素、技术发展、竞争对手的特点和行动、企业内部优劣势等进行评估，但很少会把组织内部的关键管理者纳入其中，即使在分析竞争对手的行动时，也忘了对竞争对手的领导者进行分析。

不得不说，这是一个很大的漏洞。在讨论战略的时候，我们不能忽略做决策的人。毕竟，任何组织都是人在管理的。领导者会根据自身的经验、价值观、个性来作出选择，你对他们了解得越多，就越能够明晰他们的企业战略？

　　实际上，当我们觉察到了异常，而过去的成功经验又无法解决问题，基本上就意味着战略转折点到了。这时候，能否果断地作出正确的战略转移决策，是对企业家的一次巨大考验。请注意，这里面包含着两层含义：第一，企业家能否做到果断地执行；第二，执行的方向与策略是不是正确的。

　　然而，在企业面临严峻的情形时，很多CEO并不如人们所想的那样，都能散发出"超人"和"英雄"的光芒。实际上，更多的CEO都和普通人一样，会本能地采取防御性态度：不面对现实，不能面对变化，有时甚至选择什么都不做，哪怕他们心里知道应该做什么。这也不难理解，人都有弱点，并且会作出不理性的决定。

　　抗拒，是因为痛苦。战略转移对企业来说是一场痛苦的体验，因为你要否定过去的成功经验，你要跳出熟悉的舒适区；如果是被动地实施战略转移，痛苦还会加倍，因为企业内部会产生极大的阻力，甚至在人力和财力上都要付出巨大的代价。

　　英特尔曾经是存储器的代名词，当日本同行推出了低价优质的同类产品后，它遭受了强烈的冲击，节节败退。面对这样的处境，英特尔狠心放弃了存储器市场，关掉了苦心经营十余年价值几亿美元的工厂，解散了几千名员工。这是一种什么样的体验？我相信，所有的企业创始人和领导者，面对这样的一幕，都会感到心痛和不忍。这个时候，我们要战胜的不仅仅是理智，还有多年来对企业投入的情感，企业犹如自己一手养育的孩子。

　　那么，在战略转折点时刻，企业领导者该秉持什么样的思维，做好哪些事呢？

首先，你要通过详尽的调查研究，了解并熟悉消费者、竞争对手目前以及未来可能发生的情况，它有助于你认清主要矛盾，抓住战略枢纽的关键。

其次，对你了解和掌握的情况进行具体分析，认真鉴别和比较各种复杂现象、情况和问题，找到事物的本质与核心。

再次，全面地看待问题，不能盯着个别之处，一叶障目。同时，要摒弃主观思维、片面思维，不能"想当然""自认为"，也不能只看表面。要克服经验主义、教条主义，以及官僚主义。

法国未来学家 H·儒佛尔提出："没有预测活动，就没有决策的自由。"

未来充满变革，未来只能预测，有效预测是英明决策的前提。谁能够洞察到先机，谁就能够抓住机会。未雨绸缪，只做上述的这些事肯定是远远不够的，还需要预先制定战略转折的目标、内容和方法。当战略转折的目标确定后，还要将其进一步变成行动计划，规定其完整、系统的具体内容和方法，英特尔公司在这方面做得就很出色。

为了掌握市场的主动权，更好地驾驭计算机用户，英特尔公司开始大肆宣传"Intel-inside"。当时，很多行业内的人士不知道英特尔公司在做什么，为什么要选择跟消费者直接沟通？这看起来是一件费力不讨好的事，买它产品的是供应商，而不是最终消费者，花这份冤枉钱干什么？

英特尔公司自有它的想法，它不但自己这样做，还拉着电脑供给商一起打广告，并补贴一部分费用给供给商。英特尔公司还规定，在所有的平面广告中，它的标志不能小于供给商的标志，且要放在显眼的位置。很显然，这就意味着，供给商在做广告的同时，也在替英特尔做推广。英特尔公司也依靠着这种营销创新，获得了最大的利益。

前面说过，内外部环境的变化是一个渐进的过程，正因为变化不是突然发生的，才导致不少领导者身在其中却浑然不觉灭顶之灾行将来到。有些企业领导者在经营过程中，对外界环境的变化视而不见，因而也就无法觉察战略转折点的出现。

那么，怎样来提高自身对渐变的敏感度呢？又如何做到见微知著呢？

这是每一个企业领导者都要认真思考的问题，也是一项必修的技能。结合过往多年的工作经验，我认为，下面这几件事是所有企业家们都应该重视，并要努力去实践的。

第一件事，时刻保持危机感，建立有危机感的企业文化。

变是唯一的不变，我们要认清这一现实，如果墨守成规，不能顺应时代的变化，随时都可能被淘汰出局。当然，只有企业领导者一个人具备危机感也是不行的，要构建强有力的企业文化，把危机感融入其中，让它影响组织内所有成员的潜意识、思维习惯等本能反应，成为各级管理者根深蒂固的"条件反射"，随时敲响警钟，避免麻痹大意。

第二件事，提出战略假设，准备好预防不测事件的方案。

正确的、出色的战略决策，不是一拍脑袋就能冒出来的，而是需要以英明的预见和正确的预测作为根据。这种对决策有价值的预见和预测，通常是以未经实践检验的假设为前提的。所以，每一位企业家都要重视战略假设，即用"如果发生……要怎样应对"的思考模式，对一切可能发生的不测事件都要拟定应变方案预案。

军事领域有一句箴言，用在这里极为恰当："计划有时候可能毫无用处，然而却永远也不应该抛弃它。"我们要尽可能地让"意料之外"变成"意料之中"，避免在事件突变时惊慌失措，陷入被动的窘境。不过，做好这些预案后，并不等于万事大吉，还要继续跟踪，以验证假设和事实的接近程度，辨别真伪。

第三件事，建立双向沟通管道，保持内部信息交流的畅通。

英特尔总裁格鲁夫说过一句话："高层领导有时直到很晚才明白周围世界已发生变化。"

相信很多企业领导者对此都有感触，下属们总是报喜不报忧，汇报工作就喜欢讲好的方面，对问题和错误轻描淡写，甚至隐瞒不报。最后，由于领导者对客观情况了不充分，贻误了决策时机，原来的小问题变成了大危机。

为什么会这样呢？不仅仅是下属报喜不报忧的心理在作怪，也有企业领导者本身，以及组织本身的问题。有的领导者没能克服"喜欢听好消息，不喜欢听坏消息"的弱点，听到不好的消息就蹿火，员工为了保住自己的前途，就得小心翼翼地把真实的情况进行筛选，之后再有选择性地呈报。有的企业规模较大，等级森严的官僚体制让老板们站在了金字塔尖上，只能依靠听汇报来做决策，他收到的信息，绝大部分都是经过粉饰加工的"糖衣炮弹"。这些问题，也是影响企业领导者作出正确决策的因素。

为了避免这样的情况发生，就要建立双向沟通的管理机制，保持内部信息交流的畅通。

英特尔公司的总裁格鲁夫，无论每天多忙，格鲁夫都要打开电子邮箱，查收来自世界各地一线员工的反馈。他的想法是："不要与他们争论，哪怕很费时间，也要尽你所能去倾听，听听他们知道的事情，了解这些事情让他们担忧的原因。"

至于为什么这样做，格鲁夫表示，"从那些与我远隔重洋的人，或工作地位远低于我的人那里，听取到的汇报，可以根据他们的看法准确地了解业务问题。他们的看法的出发点与我不同，这使我获得了从平时交谈中得不到的洞察力。"

英特尔公司能在战略转折点第一时间作出正确决策，与格鲁夫的行事方式有直接原因。如果他固守"不准越级汇报"的管理圣经，就不可能听到来自市场第一线的真实声音，也就很难在第一时间察觉变化的信号，从而作出接近事实的预测，并及时采取行动。

综上所述，想传递的核心内容就是：一个出色的企业领导者，必须具有战略思维，包括洞察全局、思考全局、指导全局、配合全局的思考能力和工作能力。他不仅要像一个高明的战术家一样去完成每一件事情，更应该以一个战略家的姿态未卜先知，从繁复的信息中预测未来市场的走向，并马上将其转化为决策的行动，抢占制高点。

战略转型动作不是等到了转折点以后再开始，格鲁夫说过："战略转型的黄金时刻，就是现有战略依然有效，企业业绩仍在上升，客户和互补企业都在交口称赞，然而雷达屏幕上却已经出现了值得注意的闪光点的时刻。"

　　人不可能两次踏进同一条河流，因为时间、地点、机遇都已经变了。战略管理是面向未来的，我们的企业领导者们，一定要记住：在转折点之前，就把战略制定好。你愈能知道有许多可能，就愈容易知道如何去选择最好的可能。战略管理，是一盘面向未来的棋，我们要跳出现有的思维，着眼于未来。

04 / 跨越 S 曲线：最大化单一要素

1996 年，格鲁夫在撰写《只有偏执才能生存》这本书时，英特尔的年终战略讨论开幕。会上，格鲁夫提醒所有的英特尔人，要注意互联网这一重大变化，他认为：互联网是下一个影响英特尔的"十倍速因素"。

什么是"十倍速因素"呢？这要追溯到哈佛大学教授迈克尔·波特提出的"五力模型"，这是用于行业分析和商业战略研究的理论模型，确定了竞争的五种主要来源。格鲁夫以此为基础，又增加了"一力"，认为影响企业竞争力的因素有六个：

- 企业供应商的实力、活力和能力。
- 企业客户的实力、活力和能力。
- 企业现有竞争对手的实力、活力和能力。
- 企业潜在竞争对手的实力、活力和能力。
- 互补企业的实力、活力和能力。
- 企业产品或服务项目的替代能力。

影响企业的竞争力因素不是静态的，而是不断变化的。格鲁夫认为，上述六个因素中的任何一个发生的巨变，都是"十倍速变化"，也就是这个因素在短期内势力增至原来的十倍。很多人可能会问：是不是每一个战略转折点都会表现出十倍速变化？或者说，每一个十倍速变化都会导致战略转折点？

对此，格鲁夫的回答是肯定的。他提出：但凡上述因素中的任何一个（竞争、技术、用户、供应商、互补企业、营运规则）发生十倍速变化时，企业领导者就要提高警惕，很有可能一个新的周期即将来临，要么你去颠覆别人，要么别人颠覆你。

这里需要说明一点，如果组合的整体发生了十倍速变化，那么，结果已经是不可逆的了；如果是单一要素发生十倍速变化，企业还可以依据它来进行战略转型。

这是考验企业家敏感与智慧的时刻，转折点一旦到来，有准备的、有实力的、掌握游戏规则的企业，很可能就会在这个转折点后实现第二波的成长；没有准备的、实力不足的、不能掌握新游戏规则的企业，很可能就走向了没落。

对任何一家公司的领导者来说，最大的焦虑点就是"增长"，战略转型的第一目的也是增长。我们知道，增长有两种方式，一种是稳定的线性增长，另一种是第二曲线式增长。

稳定的线性增长，是指在原有的曲线里，沿着原来的技术、产品、行业、市场渐进式地增长，但增长速度只在10%左右。然而，企业对增长的需求不是一成不变的，10%的增长速度俨然无法满足一个卓越企业对自身的要求。

有没有一种增长，能够带来"十倍速"增长呢？当然有，这就是第二种曲线式增长。所谓基业长青、永续经营，说的就是企业能够一次又一次地跨越第二曲线。但是，这种增长并不是在原有曲线里连续性地进步，而是非连续地跳到第二曲线里，获得十倍速增长。很多企业之所以衰落，就是因为面临非连续性的时候，找不到破局点，无法跨越到第二曲线。

攀登和跨越S曲线

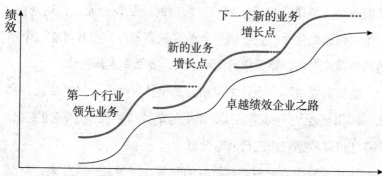

就如创新理论大师熊彼特所言：无论把多少辆马车连续相加，都无法造出一辆火车来。沿着同一个经济结构的增长，无法带来经济的实质性发展；如果只在一个经济体里面或者只在第一曲线里面增长，最终的效果就是零利润、零利息、零增长。只有从马车跳到火车，才能取得十倍速的增长。

所以，问题来了：要怎么从马车跳到火车呢？

这就要回归到我们开篇时讲到的"十倍速因素"了，每次行业出现十倍速时，第二曲线就出现了。在第二曲线开始的时候，有一个关键点，我们将其称为"破局点"。在破局点之前，曲线是下降的，击穿了破局点之后，就跨进了高速增长的轨道。

当我们找到了单一十倍速变化要素，瞄准了破局点时，该怎么击穿它呢？

　　查理·芒格说过一句话："取胜的系统在最大化单一要素和最小化其他要素上，走到近乎荒谬的极端。"这句话很有指导意义，写到这里时，我想起了巴菲特的一个经典故事。

　　巴菲特问在座的投资人："你认为未来最重要的 20 个投资领域是什么？"投资人纷纷把自己的答案说了出来。接着，巴菲特让他们从这 20 个领域中选出 3 个，大家投票表决。最后，巴菲特说了一句话："你未来的人生就是要远离另外 17 个领域。"

　　这与查理·芒格的观点如出一辙，就是舍九取一，最大化单一要素。

　　乔布斯在做 iPod 的时候，索尼也推出了 CLIE，这款产品集中了索尼 50 年的高科技因素，既能听歌、录歌、编辑歌，还能录视频、编辑视频、播放视频，且可以当计算机用，体积小巧，放在兜里就可以。听起来是很"高大上"的一款产品，它有没有胜出呢？

　　很遗憾，CLIE 的功能太复杂，很多用户根本搞不清楚怎么用！反观 iPod，简单到可怜，只有听歌的功能。但是，在 2007 年，iPod 的市场占有率却达到了 70%，占苹果公司 50% 以上的收入！新产品的产生，并不是要做一个更大、更全的产品，而是把原有体系里的某一个功能点，放大为一个新产品的整体。iPod 就是把听歌这个单一要素做到了最大化，最终脱颖而出，成就了大道至简的苹果。

　　伊隆·马斯克在创办 PayPal 的初期，原本打算用 PayPal 提供整合性的金融服务。我们可以想得到，这是一件多么复杂的问题，事实也正是如此。当他们向别人介绍这个系统的时候，几乎所有人都没兴趣。可是，当对方听说这个系统里有一个小功能，可以用电子邮件付款时，眼睛里都闪现出了光芒。于是，伊隆·马斯克决定，放弃其他的一切，把电子邮件付款这个小功能拿出来作为 PayPal 的全部。结果，就是我们看到的，PayPal 一炮而红。

国内也有成功的典范，美团移动互联网转型就是其一。

美团创始人兼 CEO 王兴，是一个很有预见性的领导者。他比整个行业提早一年就开始了移动互联网转型。在 2012 年的时候，李彦宏还认为移动互联网没有到来，而王兴却在 2009 年，就已经判断移动互联网时代已至。当时，尽管 PC 上还有巨大的流量，但王兴还是决定要转型移动互联网。

在有限的资源下，美团切断了 PC 所有投放，用全部的钱购买移动用户。在此之前，美团在 PC 的转化率高达 30%。这样的转型，带来了什么样的结果呢？看看数据，我们一目了然：2011 年底移动端交易占比 5%；2012 年底移动端交易占比 30%；2013 年初制定的目标是 50%，结果年底达到了 70%！美团，提前一年完成移动互联网转型。

毫无疑问，上述的这些顶级玩家们，都准确地识别出了战略转折点，并将单一要素最大化，成功地击穿了破局点，完成了从马车到火车的跨越。作为企业的领导者，我们应当透过这些成功典范，有所启发和思考，毕竟这是对创始人能力的一场巨大考验。

05 / 迎接 S 曲线: 创造性自我破坏

荣获"2019 年度创业家奖"的光峰科技首席执行官薄连明,在谈到自己的职业生涯和现在所从事的行业时,重点强调了两个字——创新。

薄连明说:"创新对企业来讲是内在的一个动能。一条曲线你不可能走很久,你再幸运也不能一条路线走一辈子。这个过程中要经历过多次的产业周期的迭代,这个过程的不断迭代其实就是创新。企业发展过程中如果没有创新,早就灭亡了。"

前面我们谈到了,找到第二曲线中的破局点,从单一要素最大化去击穿它,可以实现从马车到火车的跨越。但有一个问题,你找到的那个破局点,刚好是他人的极限点,作为后者来说,不可能坐以待毙,肯定也要想办法把这个极限点转化为突破点,迎接第二曲线。

创新,实际上就是从第一条曲线转换为第二条曲线的路径。

提到创新,很多人都会想到"从无到有",也就是发明和创造,似乎只有做出点什么东西来才能叫创新。在手段上,多数人都把创新归于科技,所以每次谈到创新,就会想到科技的创新。但,这只是传统意义上的创新方法论。

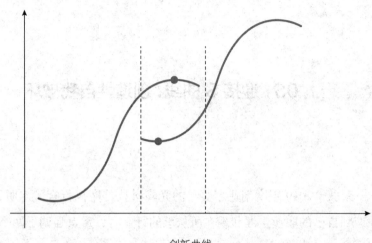

创新曲线

《财经》杂志有一次采访王兴，记者提到了一个尖锐的问题："很多人说你从来没有做出一些原创性的、颠覆性的东西，言外之意，其实你没有什么创新能力。"

王兴是这样解释的："我同意，并不是我做的所有事情，都是100%原创的，但那也不是我追求的。大家可能对创新的理解有点偏。举一个最夸张的例子，你是一个记者，你写的每一篇文章，里面的每一个汉字，全都是已经存在的，你并没有发明任何一个汉字，你所做的事情，通过重新排列组合，展示了一个不一样的想法，你的创新并没有体现在创造文字上，而体现在对文字的排列组合上。"

很显然，王兴是深谙创新之道的。

彼得·德鲁克在《创新与企业家精神》一书中，曾对创新做出过这样的阐释："创新是大胆开拓的具体手段。创新的行动就是赋予资源以创造财富的新能力。事实上，创新创造出新资源……凡是能改变已有资源的财富创新潜力的行为，就是创新。"

熊彼特也指出："创新的过程是新组合对旧组合通过竞争而使其加以消亡的过程。"对于这一过程，熊彼特将其称为"创造性地破坏"，他认为创造性破坏是常态经济的本质，正是创造性破坏成就了经济的真正发展。

我们可以这样理解，创新就是企业通过制度创新、技术创新、产品创新、组织创新、管理创新和市场创新等各个方面的举措，将企业内部资源要素重新配置，形成较以前更强的生产能力和营销能力，从而推动企业的成长，让企业在质的方面得到提高。

任何一个企业成长壮大的历史，无一不是与创新的历史密切交织在一起的。福特汽车公司，通过生产自动流水线的技术创新和T型产品成就了"汽车帝国"的威名；通用汽车公司是事业部组织结构的鼻祖，通过组织创新解决了其扩张进程中的难题和约束。

国内也不乏成功创造第二曲线的例子，腾讯就是一个典型。早期，腾讯借助PC端的QQ获得了大批量的用户，QQ也成为腾讯第一曲线的主要业务。当移动互联网拐点到来时，马化腾意识到，移动互联时代的运行规则与PC互联网时代完全不同，QQ是基于PC的即时聊天软件，尽管可以在移动端使用，但在功能方面还留着许多PC时代的痕迹，不太符合移动互联网科技轻盈、快捷、高效的特点。

毫无疑问，腾讯和QQ到了一个极限点，如何将这个极限点转化为破局点呢？2010年，小米推出了米聊安卓版，其结构轻巧，利于新用户的使用，这对腾讯造成了很大的威胁。在之后的几年里，越来越多的人开始使用智能手机，包括许多中老年用户，这些新用户很难一下子接受手机 QQ 的操作界面，反而更喜欢简洁的功能。

腾讯觉得，与其被他人的产品赶超，不如来一场创造性的自我破坏，延续企业的增长。于是，腾讯开始全力打造一款完全基于手机的应用，历经内部团队激烈的竞争，最终成功地推出了微信。微信可以算得上是"简约版 QQ"，但对于当时拥有庞大流量的腾讯来说，微信简洁的界面很适合培养新用户的使用习惯。现在，微信几乎已成为所有智能手机用户必备的一款 App，而腾讯也成功地实现了从互联网通信到移动通信的跨越，迎接了它的第二曲线。

创新是企业生命力的体现，也是决定企业生命周期长短的核心所在。很多创业者为了永续发展，总想把单一的 S 曲线拉长，可在进入不连续时段的时候，他们却陷入了窘境，不敢也不舍得进行"自我破坏"。结果，企业就在极限点进入失速状态，他们也成了目睹企业倒下的人。想要跨越战略转折点，实现持续增长，我们必须牢记一点：在曲线尚未变得平缓时，就开始寻找并跨越下一条 S 曲线。变革，要趁好时光！

06 / 战略制定：做什么 VS 不做什么

战略的本质是什么？迈克尔·波特指出，是抉择、权衡与各适其位。

有没有人人都满意的企业战略呢？说实话，不太现实。战略的起点是一场抉择，有些东西必须摒弃，集中优势兵力，才能帮助企业制胜。在多数情况下，我们不仅仅知道自己要做什么，还要知道自己不做什么。

战略要反映出一个独特的价值主张，如果你的战略在本质上和竞争对手如出一辙，那么，结果肯定不如你想象得那么乐观。因此，在战略转折点上，我们要慎重思考几个问题：

- 我们最擅长什么？最不擅长什么？
- 对企业引擎驱动力最重要的经济指标有哪些？
- 组织的核心人员最热衷于什么？

弄清楚这几个问题，是为了帮助企业选择属于自己的、占有优势的、独一无二的道路。在制定战略时，我们要围绕四个核心问题来进行。

第一个问题：边界

身为企业领导者，你有没有想过：企业要做些什么？规模应该多大？应该处于哪些行业？其实，这就是边界的问题。

边界有三种延展方向：横向、纵向、整体。横向边界，指的是企业服务的产品市场的规模，或者说这个市场有多大；纵向边界，指的是企业自己从事的活动，以及从市场专业性公司进行购买活动的范围；整体边界，指的是企业在其中竞争的一系列不同业务的集合。

第二个问题：定位

定位分析，就是分析企业怎样竞争，并获得竞争优势。思考一下：你的企业如何在竞争中定位？你拥有的竞争优势的基础是什么？随着时间的推移，准备进行怎样的动态调整？

定位分析涉及两个方面：其一是静态，在某一特定时点上，企业能否以低成本为基础进行竞争？或者说，它在关键维度上的差异化，是否会导致它比竞争企业的要价高？其二是动态，企业如何积累资源和能力，以及如何随着时间的推移作出调整，来适应环境的变化？这一点可以刺激企业与领导者创造全新的竞争优势，这些基础将重新定义行业，并逐渐削弱现有的获得优势的基础。

第三个问题：市场与竞争分析

为了设计和实施成功的战略，企业一定要认识自己所在的竞争市场的性质，即：企业目前所处的市场性质是什么？在这个市场中，企业之间竞争关系的实质是什么？原因在于，不同行业的绩效不是一种偶然或幸运事件。

举个最简单的例子：在制药行业中，哪怕是很平庸的企业，从整体经济的角度来看，也是有盈利的；到了航空行业，哪怕是很不错的企业，在最好的时候也只能得到较低的利润。所以，我们在设计战略的时候，一定不能忽视行业结构的性质。

第四个问题：组织安排

假如企业已经选定了做什么，且认识了市场的性质，并跨越确定如何竞争以及竞争的基础，那它依然需要通过内部组织来实现这个战略。所以，我们就要思考：企业内部的组织结构要怎样设计？激励制度要怎样安排？企业内部个人目标与企业大目标要协调到什么程度？这些都是必修的功课。

要进行正确的战略制定，企业需要全面考虑竞争态势、顾客需求、资本市场、产业结构等，还要考虑企业将选定的战略付诸实践的能力。至于到底该如何制定战略，我们可以参考埃森哲公司的一些建议。

- 分析潜在的市场机会，以及自身的竞争优势，以此作为战略发展的基础。基于对整个市场和竞争的理解，需要提出和评估一系列的经营战略选择，来决定长期目标。

- 建立完整的经营模型，为经营计划的制定提供指导。一个经营计划进一步定义资金与资源的投入，分析成本和收入、预期的利润等情况，并充分考虑投资回报、经营回报、现金流量、市场份额、保本期等战略指标。

- 制定执行计划，它确立了特定的财务和运作的阶段目标，并使资源投入应用。执行计划的内容应涵盖以下几方面：执行计划的时间表、紧急情况下的计划、监督与成果跟踪机制、潜在的执行障碍、执行资源的必要条件等，应当尽可能周密地考虑到所有细节，从而提高计划的可行性。

- 战略要清晰而鲜明，不能有任何模糊。今天的外部环境瞬息万变，企业想获得成功，领导者就要紧绷思考的弦，经常自问：外部和内部的变化，造成了怎样的优势与劣势互变？企业面临的机遇和威胁是什么？我要把企业引向哪里？下一个十年的增长点在哪儿？只有勤于思考，才能胸中有数，不然就会变得被动，疲于奔命，忙于解决眼前的危机，却荒废了长期的收成。

总而言之，作为企业的领导者，一定要学会有所取舍。了解自己的优势，集中精力去做自己擅长的事。如果没有什么特长，那就问问自己，当初为什么选择进入这个行业？倘若你幸运地发现，自己拥有某些独一无二的东西，在某个地方比别人做得好，那么，它很有可能就是你要发展的方向。

07 / 如何实现多元化战略的惊险一跃

对成长中的企业来说，在扩张的过程中都面临着一个谜思：要不要制定多元化战略？这是企业长期以来一直想解开的困惑，也是管理学界和企业界议论的中心主题之一。在过去几十年里，全球企业对多元化战略都产生了异乎寻常的热情，并进行了不懈的探索。

为什么多元化战略备受关注和青睐呢？最早，是因为大家看到了 GE 通用汽车在全球范围内开辟了多元化经营的路径，并取得了耀眼的成功。企业的本质决定了它有不断寻求扩张的需求，市场很残酷，如逆水行舟，不进则退。正因为此，几乎所有优秀的企业，都或多或少地进行着多元化的努力，然而现实又怎样呢？很残酷，几乎所有优秀企业的危机与衰亡，也都跟多元化战略有关。

多元化经营模式，究竟是好是坏？这成了一个谜思。事实上，多元化战略本身不存在对错好坏之分，其执行效果取决于执行主体和执行时机。就如海尔总裁张瑞敏所言："问题不在于企业搞不搞多元化，而在于企业自身有没有能力搞多元化。"

结合生命周期理论，我们可以看出，任何行业和产品都遵循

孕育、成长、成熟、衰退的发展轨迹。因此，当成熟期的企业在
"天时、地利、人和"方面都占据独特优势时，专注内部发展或
通过并购活动涉入新的专业领域的多元化发展，无疑是一个很好
的选择。

处在成熟期的企业，在发展链条上占据高位，具备实施多元
化战略的多种优势。

首先，有相对剩余的财务资源，成熟稳定期是企业生命中的
黄金阶段，盈利能力强，现金流充沛，对存量资本和流量资本的
操控能力有其他企业无法比拟的优越性。

其次，成熟期经过市场竞争的检验，已经建立了有组织特征
的管理模式与规范制度，集合了有丰富管理理论和实战经验的管
理人才，为实施多元化战略提供了有力的支持。

再次，成熟期企业历经锤炼，企业的组织体系已经稳固，各
项规章制度日臻成熟，企业制度化工作走向正轨，有强有力的风
险评估系统、决策支持系统、监督评价系统和反馈系统，可以保
证多元化战略实施的效率和效果。

然而，并不是具备了这些优势，成熟期的企业实施多元化战
略就可以高枕无忧。不然的话，就不会有那么多优秀企业栽倒了，
在这个过程中，有一些陷阱是我们必须要提高警惕的。

陷阱 1：广度与深度不匹配

不少企业在进行多元化战略时，进入的领域比较广，行业范
围跨度大。领导者忽略了一点，企业拥有和可控的资源是有限的，

过多地把资源投入新行业里，很容易导致对主业产品与核心业务投入不足，逐渐丧失在原有行业或业务上的竞争优势。如果企业投资太过分散，意味着原来的核心产业投入的资源被削弱，主导产品和业务的竞争能力也会随之下降。

所以，尽管成熟期的企业有不少优厚的多元化经营条件，但也需要注意经营广度与深度的匹配，控制范围的实施多元化，避免掉进陷阱。

陷阱 2：业务资源整合不佳

许多企业在进行多元化经营时，总是偏好不相关多元化。我们都知道，隔行如隔山，在不相关的业务领域内经营，管理和协调的难度是很大的。企业规模扩大，机构增加，原来的分工、协作、职责、利益平衡机制都会被打破，整合、管理、协调企业内部资源的难度变大。

成熟期的企业要进行多元化经营，很有必要从全局的角度对各业务资源进行整合投资。

陷阱 3：疯狂迷恋规模与速度

多元化经营失败的案例有很多，它们最终的表现都是资金链断裂。大多数的企业在多元化经营的过程中，投资过于盲目，没有掌控好投资的节奏与力度，掉进了疯狂扩张规模与速度的陷阱中，忽略了扩张过程中隐性的财务风险也在随之提高。当这种危险变成了财务危机时，如果企业的融资能力不够强大，就会走向衰亡。

成熟期企业在进行多元化经营的过程中，要在投资、融资、经营、分配这四个财务主体活动中实现有机协同，形成良性的财务循环系统。投资和经营是主体，融资和分配是手段，四者共同为成熟期企业完成多元化战略目标服务。

陷阱4：企业文化派系争夺

成熟期的企业，企业文化基本已经定型，与新型管理思想之间很容易产生冲突，导致内部矛盾丛生，各个文化派系之间展开激烈的争夺，继而制约了企业健康有序的发展。我们都知道，大树不惧风雨，但怕虫蛀，最坚固的堡垒往往都容易从内部攻破，成熟期企业得以立足市场的成熟而独特的企业文化，在多元化拓展初期，可能会成为一种强大的阻力。

劳伦斯·米勒在《美国企业精神》一书里说过："公司唯有发展一种企业文化，这种文化能够激励在竞争中获得成功的一切行为，这样的公司在竞争中才有可能成功。"所以，成熟期企业在推进多元化发展的过程中，一定要注意企业文化变革的整合问题。

综合来说，多元化战略并不是助企业制胜的法宝，它是企业转变发展的主要形式之一，但并不适合所有的企业或企业发展的任何阶段。对于行业内发展潜力大、限制小的企业，纵向一体化或专业化发展，也是不错的选择；对于行业内发展潜力小、产业格局已成熟稳定，很难有突破的企业，选择多元化发展是企业壮大成长的一个必经过程。

　　然而，对成熟期企业而言，如何在多元化上完成惊险一跃，又是一个无法回避的致命挑战。怎样才能让成熟期企业在实行多元化战略的过程中，有效降低失败率呢？我想，最主要的问题就在于，结构调整的匹配程度。

多元化战略要与国家政策导向和产业前景相匹配

　　企业在实施多元化战略时，要谨慎选择新进产业，不能想当然，而是要结合国家政策导向和产业前景，使之相匹配。这样能够规避风险，从源头上控制多元化战略的起点和方向。

　　原因很简单，国家政策鼓励进入的产业，可有效地规避政策风险，无论是行政审批还是融资渠道，都比其他产业要有优势。如果新进的产业与国家政策导向相违背，那就要面对很多不可预知的风险和不可抗力的冲击。

　　新产业的前景也十分重要，它直接决定着进入这个产业后的风险程度和成功概率。进入一个新兴的、朝阳的产业，就可以不用在细分市场进行"红海厮杀"，可以进入改变市场结构的"蓝海"，闯出另一片天地。如果选择了进入成熟的产业去竞争，那就意味着要投入更多的资源、更多的精力和成本，经营风险是很大的。

多元化战略要与企业自身生命周期阶段相匹配

　　我们说过，多元化战略适合成熟期企业，这样的企业原有产业成熟、稳定，已形成了自己的核心竞争力。在这个基础上推行多元化战略，进入新的产业，比较容易在新领域闯出一片天地，逐渐取得行业的领先地位，培养新的核心竞争力，再基于新的核心竞争力踏入其他新的领域，形成良性循环的扩张模式。

如果企业处于初创期，尚未形成核心竞争力，是不太适合进行多元化战略的。当然，就算是成熟期企业，也要避免那种遍地开花式的、疯狂"抢钱"式的多元化扩张，那样很有可能把企业带入深渊。所以，多元化战略一定要战略清晰，具有稳定性、持续性和可操作性，让多元化战略与企业自身发展阶段相匹配。

多元化战略与企业自身的各项资源相匹配

要保障多元化战略能够稳定持续地进行，一定要考虑多元化战略与企业自身资源的匹配程度。企业自身资源主要包括：企业的组织架构、管理水平、资金状况、技术水平、人力资源等，这些资源决定了多元化战略的发展速度、发展层次及结果。

特别要重视的是人力资源的匹配程度，毕竟在企业经营活动中，做决策的是人，执行的也是人，人力资源的供给率在一定程度上决定着其他资源效力的发挥。所以，保障人力资源的质和量，适时地调整组织架构，提升管理水平，提高资金的供给运作，是保障企业多元化战略成功推进的基础。

多元化战略要与企业原有竞争优势相匹配

在进入新的产业时，企业要特别关注一件事，那就是审视原有的竞争优势因素，包括组织架构、管理模式、竞争战术、产业链发展、企业文化等，将其与新产业的特点结合，有选择性和针对性地复制到新的产业，这样可以有效地发挥企业原有竞争优势的效力，同时降低经营风险。

各产业板块资源投入程度相匹配

有些企业在实施多元化战略后，把现有的资源全部投向了新产业，忽略了对原有优势产业的投入和升级，结果导致新的核心竞争力尚未形成，原有的竞争优势也被削弱。这就属于多元化战略与各产业板块资源投入程度不匹配，渠未建好，水源未引进，原有水量已干涸。

企业进行多元化战略，要在各板块之间找到资源投入的平衡点，既要发展新板块，也要不断巩固现有产业优势，保持核心竞争力，以健康稳定的当期效益为基础，稳健地进行多元化战略。简而言之，着眼于未来，立足于当下。

多元化战略进入机制与退出机制相匹配

企业在稳定、持续推进多元化战略的同时，要保证多元化战略具有灵活性和动态性，当外部环境发生变化时，特别是不可抗力因素出现时，可以及时地对多元化战略进行调整，完善退出机制，把企业的损失降到最小，力求使多元化的根本不动摇。

08 / 避免战略失败的四个核心要点

讲了这么多战略转折与战略制定的内容，最后，我想对这部分内容做一个简单的总结。企业想要不断地跨越 S 曲线，保持一个持续增长的状态，需要注意四个核心要点，而这四点也是在战略层面避免失败的四个关键点。

核心要点一：警惕战略转折点的出现

在前面的内容中，我们用了不少的篇幅来讲战略转折点的重要性，以及转折点出现之前的征兆性景象，比如，行业出现了大规模的并购、新专利不断井喷、新技术出现、陌生人出现，这些都意味着战略转折将至。在这个时刻，企业领导者就要考虑如何形成企业的可再生能力，这是企业永续经营、持续发展的关键，也是企业家核心能力发展的必经之路。

核心要点二：行业选择不可小觑

对于新创企业来说，入错行是很可怕的一件事。你进入了下滑的行业，或是红海行业，胜出的概率是很小的。想想就知道，在一个沉闷的、日渐萎缩的市场里，你想把东西做得出色，那要付出比在其他领域更多的努力和心血。相反，如果你进入了高速成长的行业，或者是蓝海的行业，在这些有吸引力的行业里找到合适的位置，相对就容易一些。如果不是初创企业，那就要在自己所处的行业中，找到具有吸引力的增长点。

核心要点三：企业领导者的修炼

管理学上有一个"经理封顶"原则，即企业能走多远，企业能长到多大，取决于企业家的精神和才能。创业者是企业最大的资产，企业的成功有 90% 是企业领导者的成功，企业的失败有 90% 是创业者的责任。

彼得·德鲁克也强调过：一个组织只能在其价值观内成长，一个企业的成长被其所能达到的价值观所限制。如果企业领导者的知识贫乏、见识浅薄、思维封闭、眼界狭窄、经营思路不开阔，那么，由于经营思维空间限制，大量的产业和市场机会，都与他和他的企业无关。

出色的企业家不是与生俱来的，任何一个创业者都是"万丈高楼平地起"，一点一点攀爬修炼出来的。所以，企业领导者的修炼，会影响他的决策能力，而企业家的个人决策，又决定了组织的命运。

核心要点四：保持组织的灵活性

硅谷著名企业家埃里克·莱斯在《精益创业》里提到："小步快跑，快速迭代，是互联网时代的创业法则。"在传统工业经济时代，试错的成本很高，根本错不起；可在网络经济下，迭代的成本变得很低，这就让快速试错变成了一种可能。

迭代的目标，可能是不确定的，只为了试探用户的反馈，发现新的市场机会。迭代的周期，也是比较随机的，出现问题随时解决，没有问题就优化细节，变化风格，提升用户的新鲜感。如果把创新比喻成跑步，那正确的姿势就是"小碎步"，只有小步快跑，才不容易绊倒，才能不断地调整方向。

"7-11便利店"就是一个典范：通常在100平方米的店铺里，可以摆下大概2000种商品，但"7-11"每年上新的商品数量就1300种。换句话说，它一年中大概要更换70%的商品，换算下来，平均每天就要更换3~4种。"7-11便利店"有一个试验新品的货架，如果卖得好，产品就会被升级为常规产品继续销售；如果卖得不好，立刻采用打折促销的办法清理库存。

再拿汽车行业来说，国际主流的车型换代周期是6~7年，但韩国的现代车型基本上是3年一换代。这种快速换代不一定能保证成功，但起码能在一定程度上抓住那些追求新鲜体验的用户。所以，我们的企业要学会与时俱进，不能固守原来的理念，要有容错的机制，保持一定的灵活性，鼓励局部创新，在迭代中蜕变。

有关企业家自身修炼与组织灵活性的内容，三言两语很难解释清楚，我们在后续的篇章中会详尽地介绍。写到这里，我不禁有了一种感慨：无论是企业还是个人，想要不被时代淘汰，都不能固步自封，要无止境地学习，要努力去创新，只有这样才能完成一次又一次的跨越，让生命变得更有价值和意义。

企业在不同生命周期都面临哪些危机，该如何管理？

战略转折点在很多情况下都可能出现，但在企业生命周期的拐点上出现的概率更大。这是因为，企业在生命周期的每一个阶段都会面临不同的问题，而这些问题足以让企业消亡。

我们说过，正常的问题来自企业的成长，问题不是因企业而起，而是企业所面对的情境。正常的问题是企业可以自己解决的，按部就班地逐步克服即可。对于意料之外的正常问题，可以称之为过渡问题，是跨越生命阶段之后自然会消失的问题。

既然企业会在成长中出现各种问题，那就需要用管理来干预了，这样才能确保企业能够持续成长，活力再现。接下来，我们就谈谈，企业在生命周期不同阶段都面临哪些危机，该进行怎样的干预和管理，希望这些总结性的内容，可以为企业管理者带来一些收获。

婴儿期的危机与管理要点

婴儿期的企业，最主要的危机包括以下几点：创业者无法获得股东、供应商、家人或银行等方面的支持，在忙碌和疲累中丧失信心和承诺；流动资金长期匮乏，导致企业夭折或无法进一步成长；缺乏主要的活力业务，付出了很大的辛苦，收益甚微。

　　针对上述问题，企业领导者应该保持坚定的意志，努力取得必要的支持；关注现金流量，可制订以周为单位的现金流量表；集中业务焦点，找到关键客户，建立稳定的合作关系，确保企业立于不败之地；找到公司的核心竞争力，把资源集中于此，形成战略焦点；保持高效的执行力，任用有拼搏精神、务实的人才，这一阶段的企业必须全员皆兵，人人能作战，不适合任用只想固定上下班、领薪水的管理者。

学步期的危机与管理要点

　　学步期的企业，最主要的危机包括以下几方面：企业盲目扩张，进入陌生领域或承接高风险项目，导致多年本业的积累毁于一旦。这一时期，企业未建立企业运作所需要的团队，如生产、营销、研发、财务、人力资源等，犹如雨伞的伞骨不平均，撑开后无法挡雨。很多企业止步于这一时期，都是因为核心团队能力不足。

　　针对上述问题，企业领导者应当慎重评估各项投资，在没有建立更强大的竞争力之前，不要轻易进入其他弱势领域；同时，还要积极建立强有力的管理团队，管理快速成长的人力资源，有效控制组织发展的方向。

青春期的危机与管理要点

青春期的企业，最主要的危机体现在以下几方面：创业者与管理者之间发生冲突，老人与新人之间发生冲突，在规范化过程中彼此失去信任，为了维护自身利益，忽略了客户的存在。这个时候，创始人很可能被排挤而离开公司。为此，很多企业在青春期就落入陷阱，放弃规范化，持续人治，制度建立不起来。

针对上述问题，企业创始人要亲自参与或主持规范化管理的建立过程，如果要借助顾问来建立规范，最好由顾问指导，部门管理者自己制定规章制度，规范化制定小组负责审查。如果让顾问代替公司来拟定一套规章制度，多半会失败。另外，要协调老人与新人的关系，促成团队融合。大力培养中层管理者的能力，否则企业很难实现跨越。

盛年期的危机与管理要点

盛年期的企业，最主要的危机体现在以下几个方面：企业自傲自满，欠缺危机意识；领导班子过早退休，传承失败；企业缺乏具有综合管理能力的高级人才。

针对上述问题，企业应该建立运用愿景的张力，调动全体人员的积极性，强调危机意识，避免自负自满；建立企业大学，全面培养各类人才，特别是高级人才；制定企业全盘发展战略，重新整理企业的组织架构和流程，让其实现有效运作，尤其是涉及以客户为核心的流程，以及横向协调与沟通的能力。

成熟期的危机与管理要点

成熟期的企业，最主要的危机体现在以下几个方面：过分注重形式，忽略目的和本质，重视做事过程的对错，忽视做这些事的理由。这个时期的企业，已经丧失了创业精神，趋向于保守，害怕犯错；制度严密，但缺乏创新的文化配合，导致活力丧失。

针对上述问题，企业要努力激发组织的活力与竞争力，对过去形成习惯的事务，也要多问一些"为什么"，重新审视组织的活动是否合理。同时，还要运用企业文化来降低管理的成本，运用文化来调和制度的生硬与欠缺。

我们的企业领导者要明晰一点：管理的目的并不是为了创造一个没有问题的境界，而是通过不断调整组织的弹性与自制力，带领组织发展到盛年期，并维持这种健康的、有活力的状态。

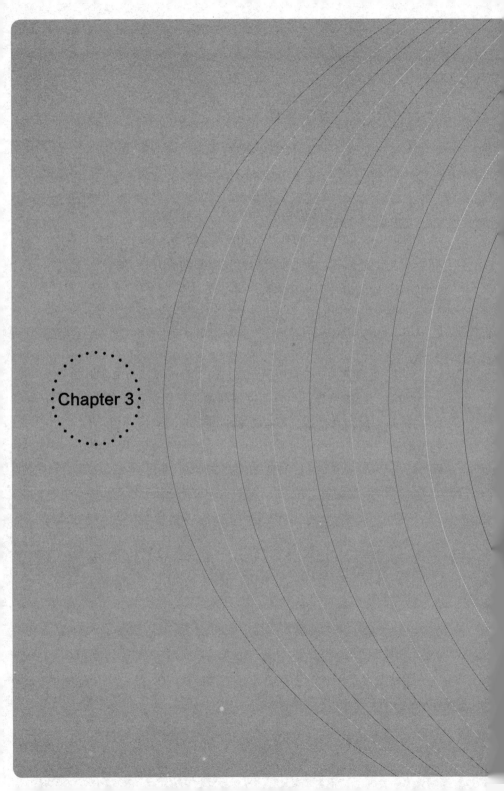

Chapter 3

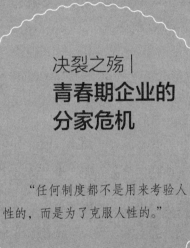

决裂之殇 |
**青春期企业的
分家危机**

"任何制度都不是用来考验人
性的，而是为了克服人性的。"

01 / 青春期企业的分家危机

话说："天下之势，分久必合，合久必分。"企业在成长发展的历程中，也存在分合之争，聚散离合既是人生的常态，也是创业合伙人无法回避的现实。

遥想当年，几个要好的同学、朋友、父子、夫妻、兄弟姐妹一起创业，可谓是经历了九死一生，渡过了最艰难的生存期、快速发展成长期，几年、十几年过去了，好不容易进入青春期，棘手的问题却跟着来了。于是，一幕又一幕的分家故事，开始不断上演。

前几年有一部电影叫《中国合伙人》，它的剧本原型就是新东方的俞敏洪、徐小平和王强。在初创新东方时，三个人真可谓是黄金搭档，每人占33%的股份，各司其职，可当新东方逐渐做强做大后，三个合伙人之间的矛盾也变得愈来愈突出。

第一大问题就是，由于利益的关系，新东方的新业务难以推进。北京的新业务还可以均等掌控，但上海、广州的业绩算谁的？图书出版公司的业绩算谁的？远程教育公司的业绩又算谁的呢？

第二大问题就是新东方内部的复杂关系，在早期创业阶段，新东方的人员基本上都是来自老同学、老乡和家人，这些人后来有不少都走向了管理层。俞敏洪的母亲，就是公司的合伙人之一。王强是有西方留学背景的，他视规则为王，很难接受这种亲属关系。

2000 年的时候，俞敏洪制定了一套统一战略，对学校进行股份制改革。之后的四年时间里，俞敏洪在管理层、地方和部门中间周旋，总算把松散的合伙制变成了真正的股份制，可即便如此，问题仍然没有完全解决，大家对最终的权利分配意见不一。

当时的问题有很多，比如：谁是第一副总裁？俞敏洪是创始人，大家认为他作为第一总裁没问题，可对于谁来担任第一副总裁却很难抉择。徐小平和王强都会问：凭什么让我来当第二副总裁？问题搁置了很久，最后，这场战争以徐小平和王强纷纷离开新东方而终结。离开后的徐小平和王强，创立了真格基金，成为业界著名的天使投资人。

散伙以后，他们之间依然保持着友情关系，每年抽出时间来聚聚会，偶尔给对方写信，但不再像过去那样无所不谈，唯一值得庆幸的是，大家过得都还不错。相比新东方的散伙，联想的"二虎之争"，就显得惨烈了。

联想走到第十个年头时，曾经并肩作战的亲密战友，走到了决裂的边缘。作为"赢家"的柳传志，在面对被媒体戏称的"企业家与科学家"之战时，无限伤感地说："不把我打入监狱，他绝不罢手。"柳传志所说的"他"，是曾经主持开发联想汉字系统的集团总工程师倪光南。两人在研发路线的问题上产生了分歧，倪光南与柳传志之间出现了矛盾，每次的工作会议几乎都是两个人的争吵战场。这一吵，就持续了整整半年。

倪光南希望对标英特尔"芯片"技术，全力开展"中国芯"工程，而柳传志不同意这样做，他说："有高科技产品，不一定能卖得出去，只有卖出去才有钱。"两人的关系愈发紧张，倪光南开始向中科院控告柳传志，内容从个人作风发展到严重经济问题，两人交恶逐渐曝光，并备受关注。

最终，柳传志在中科院、联想内部高层的力挺下，罢免了倪光南总工程师的职务。当时，有媒体爆料说："柳传志之所以能够胜出，是因为股东们都不愿意冒险'烧钱'。"真实的情况是怎样的，我们也无法得到定论，但有一点是可以肯定的：商场很残酷，向来以成败论英雄。我们只能说，如果当年出局的人是柳传志，今天的联想可能又是另外一番景象。毕竟，企业领导者的理念，直接决定着企业的命运和走向。

上面提到的两个企业案例，结局还算是好的，而在现实的商业领域中，有很多企业在经历了创始人的决裂之战后，从大好的势头一路下滑，甚至走向了亏损和衰落。创始合伙人之间的关系，也是从融洽走向决裂，其中也不乏兄弟之间反目成仇的情况。有些夫妻合伙人，把公司做到了上市，却也没能挡住分家和离婚的结局。

有些处在青春期的企业，即便合伙人之间还没有闹到决裂的地步，但彼此之间的"合"也只是流于形式，真正的关系早已经没有了当初的那份情愫，无论是情感、道义，还是做事的逻辑，都被私利或小圈子、自留地的利益分流消磨侵蚀，坦诚越来越少，分歧越来越多，这样的情势，无论对合伙人本身还是企业，都是一种重创。

最典型的例子就是红孩子，它最初是由李阳发起，联合杨涛各自出资 60 万元创办的，后来又引入另外两名创业伙伴郭涛和徐沛欣，两人分别出资 40 万元，四个人形成 3:3:2:2 的持股比例。在创办红孩子之前，他们是同学、同事的关系，几个人对母婴市场的刚需深有同感。在分工方面，李阳和杨涛主管运营，郭涛与徐沛欣主管财务投资。

很快，红孩子就获得了快速成长，从 2004 年到 2008 年营收一路攀升，最高达到了 10 亿元，成为垂直电商领域一颗璀璨的明珠。然而，很多人没有想到，在这样的辉煌之下，危机已经隐现。四位创始人分别持有 20% 左右的股份，没有人能真正拍板决定公司未来的路要怎么走。

从 2006 年开始，创始人之间的矛盾开始浮出，导火索是红孩子获得风险投资这事。这件事是徐沛欣负责的，其话语权也因此加大。此时，李阳与徐沛欣的战略分歧也开始突显，李阳坚持继续专注母婴市场，而徐沛欣坚持引入其他品类做综合 B2C。两人各持己见，难分对错，导致矛盾发展到了无法调和的地步，关系闹得很僵。

最终，风险投资方支持徐沛欣，杨涛也选择站在徐沛欣一方，董事会决定让李阳离开；2007 年，郭涛离开；2011 年，杨涛以休长假为由离职……这一系列变动，严重打击了员工的士气。自此，创始人团队只剩下被认为代表资本意志的徐沛欣。

老一批创始人离开后，红孩子已经丧失了创业色彩，而这也成为红孩子悲剧命运的开始。徐沛欣没能引领红孩子走向下一个辉煌，因为它错过了从DM（直接邮寄）转型电子商务的最佳时期。2013年4月，红孩子成为苏宁易购的母婴频道，官网不复存在。到了这一步，戏剧性的是，创始人之间的纠葛却没有因为收购完成而终结。

不少人都认为，合伙人容易散伙的原因，是因为这个时代和社会缺少"合伙人精神"，比如包容、欣赏、坦诚、守信、平等、互补等，但真相是这样吗？或许，没那么简单。

02 / 合伙人"相煎"背后的深层原因

合伙人为何会从同甘共苦、同心同德，一步步走向同床异梦、同室操戈？

这相煎的背后，到底有着什么样的恩怨情仇？又是哪些原因导致的呢？

我们先从大的方面来分析：在最初选择合伙创业时，把人"合"在一起的是相互了解、情感关系，以及基于做事的逻辑、精神、道义，且这个时候，物质利益还没有产生。待企业历经了艰难的婴儿期和学步期，进入青春期的高速发展阶段，物质利益变得丰足，合伙人的精神世界如果没有发生根本性的质变，这就很容易在物质面前逐渐迷失。

再说时代的更迭速度，已经远远超出了人们的想象。可以说，我们还来不及融入商业文明，我们的价值理念、精神世界、行为习惯还尚未懂得如何尊重商业时代的主导者——资本。但是，以资本为核心的商业社会，却又无时无刻渗透在社会的每一个角落。所以，在创业这条路上，合伙人中存在尚未作出改变的人，或者彼此之间改变的程度和速度不一样，都可能导致决裂。这也从另一个角度突显出，企业领导者提升自我修养、拓宽思维与眼界，以及定力的修炼，是何等重要。

这就是一个相对较小的角度了，即回归到合伙人身上，我们会发现，导致创始人决裂的个人原因，是合伙人之间存在的"落差"。这个落差，体现在四个方面。

认知落差：产生战略级分歧

共同创业的合伙人，可能有着不同的出身背景、不同的职场经历、不同的思维方式，这些都会对个人的认知方式产生影响。当共同成为企业的领导者后，很有可能会对企业未来的走向产生战略级分歧，就像联想的柳传志与倪光南，前者主张发挥中国制造的成本优势，加大自主品牌产品的打造；而后者却主张走技术路线，选择芯片为主攻方向。很显然，两个人代表的是两条路线，这种战略级的分歧，最终导致他们分道扬镳。

能力落差：无法共同管理公司

合伙创业像是一场博弈，必须保持永远和对方不分伯仲、势均力敌，才能长此以往地相依相扶。如果合伙人之间的能力落差太大，即便出资相同，所占股份一样，后期也会出现纷争，因为经营企业是一件非常辛苦的事，合伙人之间无法互补、不能共同管理公司，时间久了，必然会有人心生不满，况且创造出的业绩该怎么算？这是一个至关重要的问题，也是最容易引发纷争的问题。这与婚姻关系相似，一方在飞速前进，另一方在原地踏步甚至倒退，这样的关系很难维持。毕竟，人的本能都是希望更多地探求生活的外延与内涵。

心态落差：无法调试日常情绪

对于没有创业过的人来说，创业意味着工作自由、财务自由，不用看上司脸色，拥有权利和金钱，他们甚至认为，创业者都是强者。但，创业犹如一座围城，没有创业的人站在外面投来艳羡的目光和赞赏，而创业的人却在里面疲惫不堪，承受着巨大的压力。所谓的财务自由和大把的金钱，可能都是贷款；所谓的工作自由，可能就是风雨无阻地四处奔波；所谓不用受上司的打压，可能是要面对竞争对手、客户、投资人出的更大的难题。

旁人眼里的强者身份，和自身的弱势地位形成的巨大落差，让很多创业者们心生疲惫，无法调节日常情绪。特别在创业初期，可能有很长一段时间都见不到收益，辛苦付出的努力最后血本无归。面对这样的境遇，有一部分创业者就彻底崩溃了。

利益落差：对现有分配制度不满

百分之九十的合伙人决裂，都跟利益分配有关。在初创时期，企业没什么收入，赚得很少，这时候大家的利益分配也都差不多，没有人会觉得不舒服。可是，当企业进入青春期后，收益可能从几十万元发展到了上千万元，甚至上亿元，这个时候，一点点的股权差距，都会出现很大的分红落差。

青春期的企业，虽然已经度过了创业期的艰难，但这个时期的企业，其实更加错不起，也更栽不起。青春期的企业在规模、品牌等方面都积累到了一定程度，肩负着很大的社会责任，有太多的社会关联和社会影响，如果企业高管之间不能以企业长远大局为重，过分计较个人的权力、利益得失，这种严重的内耗，会让企业犯颠覆性的错误，走向衰败。

了解了上述的这些原因，在创业之初选择合伙人时，就要谨慎，预料到将来可能出现的风险，尽可能地未雨绸缪。如果此时你跟合伙人之间正存在某种纷争，或者感受到了这种隐现的决裂风险，也一定不能掉以轻心，要积极地想办法解决，及时遏制糟糕情况的发生。

03 / 选错合伙人，为决裂埋下隐患

任何企业在经营的过程中，都不可避免地会遇到风险。不过，企业可以通过合伙制的优势，以及合伙人的才智，进行有效的风险管控，让企业和谐平稳地发展。那么，合伙创业要如何进行风险管控呢？我们就要回归到问题的起源：合伙创业最大的风险是什么？

答案就是，没有选对合伙人！如果你选择的合伙人只想获得一份安稳的工作，不愿意承担任何风险，也不愿意承担责任，就算他的能力再强，也不适合做合伙人。可以说，选择合伙人是一项技术活，如不慎重，就有可能导致创业失败。所以，碰到以下几种类型的人选，切记绕路通过，不要合伙共事.

第一类：习惯打工，追求安稳

这类人往往都有资深的从业经历，习惯了打工的状态，渴望的就是朝九晚五双休日，有公司为自己缴纳社保，熬到退休时日，享受天伦之乐。他们缺乏主动性和责任心，凡事都喜欢等待别人

的指令。倘若公司某一阶段经营不善、利润亏损，他们很有可能就会离开，寻找下一个能给自己带来"安稳"的港湾。这类人很不喜欢冒险，且与合伙创业者的目标难以保持一致。他们适合在企业里担任技术人才，或是核心工作人员，但不太适合做合伙人。

第二类：事必躬亲，追求完美

这类人事必躬亲，无论大事小事都要亲自过问或处理，否则的话，就难以安心工作。他们比较喜欢研究竞争对手，编制厚厚的计划书，且对计划书反复修改。他们希望企业能够早日步入正轨，但又觉得有很多地方是不对的，总是不放心，甚至在很多时候会延误公司的决策执行，影响公司的发展。这类人因过分追求完美，时常会拖延，不太适合做合伙人。优秀的合伙人必须要心思缜密、有强大的执行力，做事果敢有魄力。

第三类：凭借直觉，钻研技术

每个行业中都有这类人，他们是优秀的技术人才，是技术专利的拥有者，总认为自己创造出的东西有无限的价值。他们喜欢对人讲自己的宏大理想，加入合伙制公司通常也是凭借直觉，缺少切实的考察。他们对"赢利"一词没有任何的了解，却盲目地认为自己必须成为公司的合伙人。这种人适合进行技术层面的合作，但不太适合做合伙人。若非要合伙的话，一定要在合作协议上明确划分产品控制权和经营控制权。

第四类：毫无节制，追求奢华

这类人花钱大手大脚，毫不节制，若他们成为合伙人，提出的要求会很高，如高年薪、高股权、配豪车、私人助理等福利。他们在谈生意时也不忌讳，甚至为了讨好客户而忽视公司的成本，总觉得公司的钱是用之不竭的。创业初期，合伙人用钱应当谨慎，把每一分钱都用在刀刃上。这种花钱如流水、不懂节制的人，如果财力不够的话，即便再有能力，也要慎重考虑。

第五类：刚愎自用，自以为是

这种人总认为自己是对的，很少跟别人讨论决策制定过程，总觉得听自己的没错，甚至背着其他合伙人私自做决定。对于持反对意见的合伙人，他们喜欢贬低、抨击，不太注重团队的和谐。他们缺乏承担的品质，一旦犯了错误，喜欢将问题归咎于他人，从不反省和自责。合作成功的一条重要原则就是沟通。企业需要的是能够听取不同意见、善于自省、能与他人进行有效沟通的人，而不是一个独裁者。

第六类：逃避责任，私事不断

所谓私事不断，其实就是逃避正事，不愿承担责任。只要公司遇到问题，他们就称自己家中有事，或是身体不适，总有理由去躲避那些责任和会议。找合伙人的目的是减轻负担，共同赢利，可如果找了这样的合伙人，就等于给自己找了麻烦。在跟合伙人签约前，务必了解一下他的背景，并了解他对公司经营、家庭生活、经济状况等的看法。倘若他看起来有私事不断的倾向，最好慎重选择。

第七类：喜欢鼓吹、夸夸其谈

这种人喜欢向人吹嘘自己是公司的 CEO，见人就发放印着自己是 CEO 的名片，有强烈的虚荣心，所有的心思都放在吹嘘上，却不关心公司的管理和发展。企业不是靠名号、吹嘘和空架子获得成功和发展的，而是要凭借实力。选择合伙人，一定要避开这种虚张声势、光说不做的人。

选择和什么样的人一起创业，是很重要的事，这是成功的一大根基。有调查数据显示，在移动互联网时代，有51%的企业都"死"在了创业初期，而其中90%的企业是因为没有选对合伙人。所以说，从一开始选对合伙人，把不适合的人选排除在外，可以有效地降低散伙决裂的风险。我们要记住一句话：不懂合伙注定散伙，选对人才能做成事。

04 / 亲兄弟明算账，制定合伙规则

可以同年同月患难，很难同年同月富贵，这似乎是人性的一大弱点。在创业的路上，我们不可能一意孤行地单打独斗，势必要与志同道合的伙伴结成联盟，既然合伙是避免不了的，那么，我们就该思考一下：如何在合伙创业的过程中克制人性的弱点呢？

红孩子分公司的一位经理人离职前曾说："创业早期，各位创始人没有认真考虑如何建立一种机制、一种文化来保证创始人的意见一致和快速执行能力。相反，表现出互相妥协、一团和气，不是特别愿意暴露矛盾、解决分歧，这些也是后来一些风波发生的根源所在。"

我觉得，这番话很有道理。咱们中国有句古话："亲兄弟明算账"，合伙人最初选择合伙，是因为有"亲兄弟"般的情感与信任，而走到散伙的地步，大都是因为没有处理好"明算账"的问题。开始羞于谈利益，都说先干成事情再说，蛋糕做大了再分。结果，真到了做大的时候，问题接踵而至，谁都觉得委屈、不公平，最后一拍两散，甚至手足相残。

与其如此，倒不如"丑话说在前头"。在创业初期就建立合伙人制度，事先定好规矩，签好协议，以制度来克制人性，这对创始人、对企业都是一份责任和保障。那么，合伙人制度都应该包含哪些内容呢？或者说，合伙人要遵循哪些规则呢？

诚信规则：以诚相待，信任彼此

合伙创业不是儿戏，必须要有诚意、讲信用。想要做到诚信，沟通是必不可少的。这种沟通，不是抛出自己的想法和意见，让其他合伙人从中选择。合伙人之间的性格习惯、知识结构、做事方法都不一样，对待同一个问题也可能会有不同的看法，此时，就需要大家都保持坦诚的沟通态度，把事情摆在明面上，共同探讨，最终做出合理的决策。同时，还要不断换位思考，用对方理解的方式去表达信息，这样更能提高沟通效率。

目标规则：目标统一，掌控大局

合伙制的一个重要规则就是，有共同的目标。倘若两个人的价值观不同、生活和思想都无法达成统一的目标，自然会矛盾重重，且几乎不可调节。所以，合伙人之间唯有遵从共同的目标，才能掌控大局。关于目标，先要说的是认同企业的目标。战略规划和目标的重要性毋庸多言，企业要经营发展，必须要确立近五年的目标、当年的目标、当月的目标……这些目标需要合伙人共同商议和决策，达成共识，才能确立为真正的目标。

执行规则：找准方法，强化执行

制订了详细的规划，没有可靠的执行力，一切蓝图都是镜中花，水中月。

为了避免这些情况的发生，合伙人一定要做好两项工作。

其一，明确各自要执行的目标，先弄清楚奋斗的目标是什么？然后，每个合伙人都要针对这个目标采取行动，这样能够有效地提升企业的执行力。

其二，制定可行的执行方案。合伙人先提出决策，然后进行实验，最后反馈。这三个环节缺一不可，且要有效配合。任何的执行方案都难免有不足之处，在执行的过程中，合伙人以及下属要及时反馈，这样能够进一步完善执行方案。

分配规则：利益分配，清醒对待

普通合伙制在分配上切记一点：不得将全部利润分配给部分合伙人，或者由部分合伙人来承担全部亏损。这个合伙制企业是大家共同创办的，合伙人的权利义务都是平等的，共同经营、共享收益、共担风险，这是最基本的规则。

虽然法律意义上合伙人的地位都是平等的，但实际上不同合伙人在企业中的地位、影响力都不同，如果把所有利润分配给部分人，或是让部分人承担所有亏损，就导致有些合伙人利用自身的优势获得更大的利益，这对于合伙人来说是不公平的。有些企业为了快点解决问题，干脆选择平均分配利润。这种做法也不可取，平均分配意味着合伙人中谁也没有发言权、决策权，一旦出现意见不统一的情况，就很难做出决策。

监督规则：严于律己，相互监督

合伙制企业在运营的过程中，合伙人之间需要有明确的分工，各司其职。在这个基础上，合伙人之间也要相互监督，发现问题及时沟通、及时解决。合伙人之间可以制定一些相互监督的法则，每个人都可以提出管理方面的建议，不仅仅是自己管辖的范围，也可以是其他合伙人负责的领域。这样一来，就能促进合伙人之间互相监督。在相互监督的基础上，合伙人之间也要经常沟通交流，加深彼此的信任感和默契度，以便更好地协调合作。

合伙人虽然是企业的老板之一，但不代表可以随心所欲。在监督其他合伙人的同时，也要做到严于律己，以身作则，赢得合伙人和员工的尊重。在完成本职工作的基础上，要经常反省和思考，还有哪些不足，以便及时改善和提升。

合伙人之间的互相监督，也要有时有度，不能不分时间、地点紧紧地盯着对方。这样的监督，会让合伙人的工作受到影响，并有一种不被信任之感，毕竟谁也不愿意随时随地被他人监控。任何合伙人都有可能在工作中出现纰漏，在监督的过程中，不能死盯着对方的错误不放，这样不利于合伙人之间的和谐共处。想要长久的、稳定的合作，就要学会宽容，用鼓励代替指责，用建议代替批评，用积极的心理和行动去影响身边的合伙人。

协议规则：签订协议，有法可依

合伙人是合伙制企业的核心，有人的地方就难免有矛盾。为了避免不必要的纠纷，或事情变得更复杂，在成立合伙制企业之前，合伙人要签订相关的合伙协议。这个协议对合伙人来说有法律约束性，当合伙制企业出现问题时，都可以根据法律程序来处理。

合伙协议除了包含企业的基本信息以外，还应该包含下列内容：合伙人应该享受的权利和义务，合伙人的出资、投资方式，合伙人利益分配和受损承担方式，合伙人退出和入伙的相关事项，合伙人权益确定方案，合伙制企业结账日和利润分配时间，合伙制企业终止以及合伙财产分配，其他需要全体合伙人同意的事项等。

退出规则：未雨绸缪，好聚好散

合伙制企业在运营期间，可能会遇到合伙人退出的问题。如果事先没有做好准备，当合伙人临时提出退伙时，很可能会在股权、利益等方面出现矛盾和纠纷，要么扯皮不清，要么不欢而散。为了避免这样的情况发生，不影响企业的正常运作，合伙人在决定合伙创业时，应当考虑到退伙的问题，并签订退伙协议。

在合伙创业之初，合伙人就要提前做好退出机制的安排，约定好在什么时候合伙人可退出，以及退出后的股权要如何分配等。比如，当合伙人要退出时，企业要在承认合伙人为企业作出贡献的基础上，按照一定价格回购股权。这是一项最基本的原则，不仅关乎合伙人退出顺利与否，更关系到企业的长久发展。

企业在回购股权时，要特别注意如何确定具体的回购价格。合伙制企业的创始人要考虑两方面的问题：一是按照合伙人退出时的价格基数，二是按照溢价或折价倍数。总之，退出机制之事一定要未雨绸缪，在合伙之初就让所有合伙人都明白相关事宜。这样的话，合伙人才能在工作中放开手脚，即便退出，双方也能好聚好散。

创业维艰，合伙创业更是不易。对合伙人来说，从"亲如兄弟"到"反目成仇"，有时就是一步之遥。为了避免破坏彼此的关系，也为了企业的长久发展，无论合伙的对象是谁，关系多亲密，出资有多少，都要按照规矩制度办事，必须签订合伙协议，这是对合伙人利益和公司利益负责。

市场环境是多变的，企业的经营状况也受到多方面因素的影响，如合伙人的管理能力、财力、公司财务状况、市场前景、行业竞争等，都会导致企业的盈利发生变化，承担较大风险。在创立合伙制企业之前，可事先找相关的专业风险预估师，进行相关的风险预测，然后拟定合伙人协议。这样一来，既明确了各个合伙人应当负责的事务、分配的股权和承担的风险，也有效地规避了可能出现的风险，帮助企业顺利发展。

05 / 如何设计股权来降低决裂风险

既是合伙创业，利益就是合伙人共享，因此，股权分配就成了一个重要的问题。很多合伙人走到决裂的地步，真正的问题不是出在私人关系上，而是没有处理好具体的事项，才导致问题越积越多，矛盾愈演愈烈。若懂得切分股权，理性处理利益问题，一样可以合伙成功。

古语说得好："有舍，才有得。"合伙创业是大家共同出资，合理分配股权也是理所当然之事。然而，在进行股权分割的时候，不少创始人会选择"五五分"的方式。比如，两个人共同创办企业，各投资 50 万，各自的股权占比为 50%。

事实证明，这种方式并不太理想，甚至会阻碍企业的发展。每个合伙人对企业的贡献不可能完全一样，如果股权均等的话，就意味着股权与合伙人的贡献是不对等的。我们都知道，创业靠的是情怀和理想，但对经济利益的追求也是不容忽视的一部分，如果企业经营得很好，合伙人的心态也会发生变化，到那时各种问题就会接踵而来。

那么，什么样的股权架构才是合理的呢？

股权结构要简单清晰

　　合伙制企业的股权划分不能只是口头协议，这是无效的，一定要落实到书面上。股东数量和股比、代持人、期权池要明确；股东人数不能太多，初创企业最科学的配制是三个股东。

股权不应该平均分配

　　在合伙制企业中，股权分割不应该平均分配。因为平均分配股权，谁说了都算，就等于谁说了都不算。如果不平分的话，就要有一个最大的股权持有人，这个人最好是 CEO。否则的话，企业就会变成无头苍蝇，在发展中失去方向。

　　2012 年，唯品会在美国纽交所成功上市，仅用了一年的时间，股价就翻了 5 倍。唯品会的成功离不开创始人沈亚的领导，而沈亚在唯品会的股权占比是最大的，有绝对的控股权，占有 56.5% 的股份。

股东之间要资源互补

　　在合伙制企业中，各个占股的合伙人之间需要资源互补，要实现"我少不了你，你少不了我"的效果，彼此协同作战。如果职责过于接近的话，势必会发生纠纷，导致合伙失败。合伙人需要各自独当一面，各司其职，互不干涉。但彼此之间不能猜忌，要相互信任。

很多人会问: 如果发生合伙人股权与其贡献不相匹配的问题, 该怎么处理呢?

当合伙人发现自己得到的股权与贡献不相匹配时, 内心会产生不平衡感。比如, 甲根据当时的出资和职位, 获得了 20% 的股权。四年后, 企业规模扩大, 甲为之付出了巨大贡献。后来, 企业又陆续吸纳了另外两位合伙人, 其中乙的股权也是 20%, 甲心里很不舒服, 认为自己付出那么多, 却和后来的乙股权相当, 不太公平。

面对这样的问题, 该如何解决呢? 这里有几条建议。

先渡过磨合期, 再确定其股权

合伙人的协作, 需要一个磨合期。双方可以签订一个合同, 明确合伙人的最短合伙期限, 比如一年、两年等。在这期间, 股权可由创始人代持, 或者分期发放。期间, 合伙人可了解企业是否具有持续发展的潜力, 或评判自身的能力是否可为公司作出贡献。创始人也可以考察合伙人对公司的贡献多少, 判断其能力和水平。有了这样一个磨合期, 合伙人的关系就能逐渐步入正轨, 合伙人能够得到合理的股权, 而企业也能有效地利用人才, 获得发展。

预留较大的期权池

当合伙人认为股权与贡献不匹配时, 也可以用另外一个有效的方法来解决，那就是预留较大的期权池。这种方式给企业提供了调整的空间和机会，可以给后期为企业做出巨大贡献、持股较少的合伙人发放股权。

另外，预留期权池也能够吸引更多的合伙人。新的血液注入进来，若不能充分融合，很容易出现矛盾。建立股权蓄水池，才能让新老合伙人都觉得有前途可奔，容易保持激情，这是合伙制企业持续发展的关键。总而言之，只有让合伙人都感到心理平衡，认为付出和回报是对等的，合伙制企业才能够平衡地、良性地运营下去。

06 / 家族企业的权力交接与传承

　　合伙人是否能够避免决裂之殇，决定着企业能否顺利度过初创期和成长期；当企业顺利度过了这两个时期，进入高速发展的青春期或是平稳辉煌的盛年期，想要持续这种状态，就不得不考虑传承的问题。

　　我们中国有五千年的灿烂文明，但几乎没有真正意义上的百年家族、百年老店。改革开放以来，一大批敢拼敢闯、与时代同行的创业企业家涌现，他们紧随改革开放的历史步伐，历经几十年的打拼，创建了一个特殊群体——中国家族企业。

　　然而，一代企业家到了一定的年纪，体力精力都不够了，而内心还希望家业长青，必然就得将企业传给接班人。此时，就引发了一连串的问题：企业要传给谁？给职业经理人还是子女？有多个子女继承，家业要不要分、怎么分？毫无疑问，又是一场"分家"危机。

　　家族企业传子还是传贤的问题，不是今天才有的困局，早在几千年前就已经存在了。

　　周武王灭商之后，把姜太公的管辖地封为齐国，把周公旦的

管辖地封为鲁国。这两个国家都在今天的山东，两个君主之间的
关系也很融洽，经常一起切磋如何治理国家的问题。

姜太公认为，要尊敬贤人，崇尚政绩。周公却认为，要亲近
家人，尊崇恩德。

太公说："你这么做的话，国家恐怕不能长久吧？"

周公说："你这么做的话，国家最后会被外人夺取吧？"

两个人说得都在理。史实告诉我们，鲁国传了三十四代之后
灭亡了；齐国在太公之后的二十四代就已经更名改姓了。

后来，西方发明了所有权制度，将产权和治权分开，产权传
子，治权托贤，这也成了现代企业管理制度的核心。所以，对多
数家族企业的创始人来说，在交班时就面临两个选择：第一，两
权合一，把企业的产权和治理权全都交给自己的后代；第二，两
权分离，只把全部或部分的产权传给后代，将治理权交给家族以
外的职业经理人。

受中国传统文化的影响，老一辈的创始人大都选择"子承父
业"的模式，不少成功的家族企业顺利接班的案例，也让业界认
为，这种模式是最稳定的财富交接方式。据资料统计显示，中国
1000多万家民营企业中有80%都是家族企业，而这些家族企业
中有超过90%的创始人都倾向于选择自己的下一代作为接班人。

"子承父业"的接班模式是一种美好的愿景，却有着很大的
局限性。

在用人方面，企业首先想到的都是自己人，但这种情结把有
才能的社会精英挡在了门外，无法给组织补充新鲜血液。一味地
坚持"传子（亲）不传贤"，可能会把家族企业带入困境，甚至

导致家族企业的衰亡。

　　管理大师德鲁克在谈到家族企业管理必须遵从的原则时强调："随着企业规模的扩大，家族企业越来越需要在关键位置上安排非家族成员的专业人才。"照此看来，家族企业今后必须要依靠经理人和专业人才了，可这样的选择，真的能让人放心吗？

　　事实上，这条路与"传子"相比更为艰险。有些思想开明的企业家，花费重金聘请职业经理人担任要职，可职业经理人最后却私下非法转让股权，架空董事长，这样的做法实在令人担忧，也让许多原本有意"传贤"之士心生疑虑。

　　职业经理人制度之所以能够在西方盛行，并且运作得较好，是因为西方社会早已在 20 世纪 70 年代就完成了经理人革命，经理人有自己的职业道德和行为。倘若他们因为业务问题或道德问题被企业辞退，由于信用制度透明化，他们今后很难再被其他企业录用。我国目前的社会信用还有待发展，职业经理人制度也不完善，法律不够健全，这些因素都增加了企业"传贤"的风险。

　　所以，"传子"还是"传贤"，向来都没有绝对的定论，各有利弊。对一代创始人来说，无论做哪一种抉择，都应当遵从一个原则：科学分析，对症下药，企业利益排第一。在家族管理的企业中，重要的不是家族，而是企业。只有家族服务于企业，两者才能够同时生存和发展，倘若让企业经营服务于家族，很有可能会两败俱伤。

07 / 权力交接过程中的代际沟通

从年龄变化上看，从 2010 年开始，此后的十年里，是我国民营企业代际传承的高峰期。多数一代企业家年事已高，到了该退居幕后的时候，二代接班人则要背负着重任，继往开来。然而，有个不容忽视的事实，一直摆在中国的家族企业面前，那就是二代对于"子承父业"有强烈的"抗拒感"，在继承家业这件事上，他们充满了困惑与挣扎。

造成这种境况的原因有很多，比如价值观念上的冲突，中国经济变化速度太快啊，老一辈的事业走下坡路，等等。但究其根本，是家族成员之间不懂得有效沟通，创业者的价值观念很难被下一代接受和继承。不少华商家族企业在完成"交班"后，家族财富缩水近六成。之所以会失败，就是因为内部矛盾没有得到很好的处理。父子俩一坐下来，立刻就会争吵。

对于两代人在沟通方面的问题，很难分清孰对孰错，可谓是各有各的原因。

原因一：不少一代企业家的问题在于，他们具备绝佳的经营能力，习惯了凡事亲力亲为，追求效率的结果导致了集权统治，这种风格让下一代难以接受。一代企业家有着强大的毅力和意志力，也有敏锐的市场感应能力，这些天赋不是人人都有的，即使是自己的亲生子女，也未必能够得到智慧的传承。有些一代在交权的过程中，总觉得子女的能力还有所欠缺，心急如焚，不断施压和干预，致使二代产生了逆反和抗拒的心理。

如果要顺利传承，一代企业家必须要正视一个事实：接班人有他自己的特质，也有其不完美之处，不能把自己的一套标准强行套在子女身上。只有用开放的姿态去接纳他们，在关键之处给予引导和帮助，才能让"传"与"接"的过程更顺利，成功性更高。

原因二：于公来说，两代人饰演上司和下属的关系，且涉及其他员工和职业经理人的权、利、观点，如果二代没有做出什么丰功伟绩，老员工未必信服（这一方面，我们在后续的章节中会具体谈到，在此只做简单的说明）。于私来说，所有的行为都要遵循企业的规章制度，父子之间的亲情与工作要求很可能会出现难以取舍的情况，情绪的蔓延和标准的拿捏，容易引发争执。这种复杂的关系和角色的混淆，使得家族企业的传承问题变得复杂，许多方面都需要找寻平衡。

原因三：不少家族企业都是家长权威制，所有决策都要听从家长的。一代创始人很难了解子女的想法是什么。二代从小生活环境优越，多半都接受过优质的教育，有自己的理想，渴望创业；或是过惯了奢靡的生活，不愿意承受经营企业的辛苦，有时也无力承担。对创始人来说，他们不愿轻易放弃自己打下的江山，非要传承下去。一个想传，一个不想接或接不了，加之两者的生活环境差异，导致沟通隔阂越来越大。

原因四：二代的兴趣点往往都是一些新事物，他们在企业经营理念上跟父辈有很大分歧，但又无法得到父辈的认同，因而产生了分歧。实际上，这些问题不是不能协调，不少成功的家族企业都会尽最大的力量保护子女的兴趣。李嘉诚就是一个很好的例子，接班人的优势在哪儿，他就到哪个市场和行业中去，提供一个多元化的平台。

事实上，两代人之间的价值观和理念出现分歧是很正常的事，这并不代表家族企业一定无法完成传承的使命。要解决这个问题的核心就在于，必须建立家族的共同核心价值，以及明确的治理体系，两代人共同遵循，否则异议就无法裁决，纷争也没办法沟通。

家族委员会是一个不错的样本，定期召开会议，讨论和家族发展相关的各种问题。当然，一定要确保后代在家族委员会中有发言权，能够表达出自己的想法。有不少家庭都会创造一个家族内部协议，这不同于法律文件，但很有指导意义，会规定家族的价值观、使命、未来走向，以及如何实现公平，等等。有了清晰的界定和描述后，家族企业在传承时就会减少误解和分歧。

家族企业的传承不是短期内就能促成的事，有了制度层面的保障后，还要加强日常沟通。沟通是双向的，且要站在对方的立场思考，理解对方的处境和困惑，秉持一份同理心。必要的时候，要退一步思考，这样才能实现有效沟通。

尤其是一代创始人，切不可始终用家长权威去压制二代，要放下权利和权力，给予接班人试错的机会。如果一直攥着权杖不放，到最后就会发现，没有人能够接得住这份担子，它始终压在自己的身上。传承传承，总得先肯"传"，才能谈如何"承"。

08 / 继承人与公司元老怎样减少对立冲突

磨合，本是机械行业中的一个术语。新组装的机器在运行初期，各个部件之间都需要一段时间的接触、摩擦、咬合之后，才能更加密合，逐渐达到最佳的运行状态。人与人之间也是如此，无论是经营家庭还是企业，都需要有一个磨合期。只不过，"磨"是人与人之间的矛盾和冲突，想要达到一个"合"的状态，最终，要在理念上趋于认同，并获得彼此的信任。

任何组织都会存在冲突，这是很普遍的事，区别就在于这种冲突是否可控、可管理。家族企业不同于一般企业，它的所有权和控制权会随着时间的推移而发生稀释、分散、分配和转移。当家族企业从一代交到二代手上后，不可避免的就是继任者与公司元老之间的冲突。

家族企业的冲突有其特殊性，也比较复杂。毕竟，这里牵扯到家族和企业两个组织，其原则和价值取向属于两个系统。家族强调的是情感、稳定，企业则追求效率、盈利。在这一点上，家族企业的管理者有时会倾向于保险，而职业经理人则侧重于开拓。

这样一来，冲突必然会发生。

与此同时，家族企业的冲突如果源自家族内部的两个成员，很难通过一方离开而化解。公司元老虽然未必拥有家族企业的所有权，可他们具有心理所有权，跟随一代创始人共同创业，他们也像家族成员一样。当二代与公司元老发生冲突时，哪一方退出都会给企业带来损失。

虽说二代与公司元老之间的冲突是不可避免的，但这并不意味着事情无法解决。问题在于，要先搞清楚冲突属于哪一类型，再对症下药。通常来说，二代与元老之间的矛盾，主要体现在成长背景、知识结构、经营理念和管理模式上。

二代继任后，公司元老们不太认同新领导的战略目标和发展方向。事实上，这不全是坏事，适度的目标冲突，有助于提高家族企业的决策质量。可如果目标冲突过度了，就可能会因为意见难以协调而造成执行不力，甚至导致家族核心团队分裂。所以，对二代来说，如何把目标冲突维持在一个适合的范围内，是上任后的一大挑战。要让老臣认同新战略、新目标，成为新团队的骨干，就需要二代不断提升自己的领导力。

不少二代接班人和其他家族成员在企业内担任高管职位，并不都是因为出色的能力，而是由于血缘关系。因而，公司元老对于二代接班人的能力会存在质疑，在工作的过程中可能会出现抵制或不认同，特别是在管理制度和管理模式方面。如果处理得好，有助于企业管理的改进，可如果处理不当，就会导致工作效率降低，甚至团队分裂，继而使得接班失败。

如果元老们与二代相处甚好，则对企业的发展十分有利；一旦两者存在关系冲突，势必会导致员工关系紧张，使得不少员工把工作精力放在人际关系处理上，他们要考虑究竟站在哪一方的立场上。这种关系冲突，是造成企业内讧、派系斗争最重要的根源。究其原因，无非是历史遗留的家族利益和企业利益之间的失衡，以及接班人的人格特点、价值观以及企业核心文化的碰撞。对二代接班人来说，这种关系冲突是各种冲突中最为复杂和难处理的一个。

企业在交班期间是最脆弱的时期，刚上任的二代也需要元老们的支持，倘若因冲突"赶走"所有的元老，传承很可能会失败。二代和元老之间的冲突，虽不可避免，但也不是无法缓解。

对刚接手企业的二代来说，需要全面深入地了解企业，包括各种明规则、潜规则、业务发展等，这个阶段很需要老臣的帮助。尽管在这个过程中，可能会遇到不少压力和阻力，但一定要摆正心态。其一，要深入地了解企业；其二，提高自身的能力和领导力，可以向公司元老学习经验，提升各方面的能力；其三，多一点包容和宽容。

当然了，要缓和并减少冲突，最重要还是真诚的沟通。先弄清楚，发生冲突的真正原因是什么？比如，元老们反对某个方案，他反对的究竟是这个方案本身，还是某个思路，或者新上任的领导？为什么要这样做？就这些问题，跟公司元老进行建设性的沟通，放弃旧的沟通模式，展开平等的对话。必要的时候，可以请顾问帮助双方学习积极倾听的技巧，在沟通中让双方了解彼此的想法和感受。

企业家要以什么样的心态面对权力的过渡？

谈到阻碍家族企业传承的因素时，"二代不愿接班"往往被视为第一拦路虎。实际上，还有一个重要的因素，也是影响顺利传承的枷锁，甚至是导致不少二代不愿接班的主要原因，那就是第一代家族企业创始人缺乏接班意识，甚至到了古稀之年依然把持着家族企业的管理大权，没有给二代施展能力、树立权威的机会。

为什么许多一代创始人不肯交班呢？柳传志曾经给杨元庆写过一封信，信中的部分内容便能说明这个问题。柳传志在谈到中国一些企业家不愿交班的原因时，如是说道："在纯粹的商品社会，企业的创业者们把事业做大以后，交下班去应该得到一份从物质到精神的回报；而在我们的社会中，由于机制的不同则不一定能保证这一点。这就使得老一辈的人把权力抓得牢牢的，宁可耽误了事情也不愿意交班。我的责任就是平和地让老同志交班，但要保证他们的利益。"

可见，权力是左右一代创始人不愿交班的重要原因，因为它关乎着一个人的影响力。不少家族企业的创始人，从创业的那一天开始，就力求要打造一个百年老店，并将自己的信誉捆绑在家族企业上，希望能够借助家族企业的昌盛，实现个人不朽的名声。可惜的是，当他们无法再继续领导自己创造的商业帝国的辉煌时，还不肯交出自己的权力，或是认为对身后之事进行安排，就会为家业的传承埋下隐患。

曼弗雷德·凯茨·德·维里尔认为，对不少企业家来说，放弃自己的企业犹如在自己的死亡保证书上签字。很多一代创业者，不愿意接受生命有限的现实，觉得死亡是一件离自己很远的事，而家族成员也避免谈及这一点。因此，一代企业家都愿意尽可能地延长工作时间。

同时，家族企业都是创始人一手创办的，企业是他们身份的象征，也融入了深厚的感情，甚至不少企业家依靠企业来满足自己的自尊。交权和退休会被他们视为特权地位的改变和权力的削弱，他们会担心继任者是否会尊重自己的家产，是否会破坏自己多年来的心血，担心他们会肆意挥霍"家族财富"。说到底，就是不相信继任者会像自己一样专心于事业。

一代企业家应该及早进行传承的规划，想要基业长青，就要有意识地培养接班人。只有这样，百年老店才能成为现实。如果毫无准备地交班，或是迟迟不肯放权，很可能会阻碍家族企业的成长，也会对整个家族的感情造成创伤。

传承是两代人的事，唯有两代人都愿意打破桎梏，共同学习，才能为家族传承播下良性的种子。中华厂商会会长、恒通资源集团有限公司执行董事施荣怀在一次访问中提到：企业在传承过程中，长辈的放权是首要的，企业不管大小，传承不成功的也很多，往往最大的问题是上一代放不放权。

即使有些家族创始人选择了放权，但因为过于强势，经常干预二代接班人的决策，也使得继承者产生放弃接班的想法。这样的情况不是个案，而是一个非常庞大的群体。许多二代都表示，父辈在企业里太霸道，自己没有发挥的空间。他们愿意创业，愿意继承财富，但就是不愿意接手原来的企业，成为一个"傀儡"领袖。

古代有许多类似的例子，都能给家族企业带来启示和警醒，比如汉武帝和窦太后的斗争，光绪皇帝和慈禧太后的斗争，都是因为"垂帘听政"引发的家族悲剧。

方太集团的创始人茅理翔说过："交者要敢于放手，接者要善于学习，敢于挑战和反思。当儿子出现失误和挫折时，父亲要站出来挑担子，并帮助他接受教训。"有过成功传承经验的他，说这番话必然是有自己的心得体会在其中，但愿其他的家族企业创始人能够以正确的态度来对待权力的过渡，而二代也要担负起继承的重任，以虚心的态度汲取父辈们的经验，在此基础上引领企业继续前行。

Chapter 4

组织变革 |
临界点时刻的
自我刷新

"没有一家企业是'不死'的,
抵抗死亡的唯一战略是不断地自我
革命。"

01 / 战略决定结构，结构匹配战略

　　没有健全结构的企业，犹如没有健康骨骼的人，站起来都很难，更别提行走和奔跑了。没有良好的结构设计，会让企业置身于混乱的状态中，而这种混乱恰恰是管理问题产生的重要原因。那么，组织结构该如何设计呢？它又由什么决定呢？

　　这又要牵涉到战略的问题了。一直以来，在战略与组织结构的关系上，谁决定谁、谁服从于谁，备受企业管理者的关注。哈佛教授、管理学大师钱德勒是最早对战略与组织结构关系进行研究的人，他在《战略与结构》一书中，研究了70多家公司的发展史，讨论了美国大企业的成长与发展，以及企业的组织结构如何进行调整以适应自身发展，并演绎出了美国现代公司及其管理架构产生和发展的普遍现象，最终提出了著名的钱德勒命题——结构跟随战略，即战略决定结构。

　　为什么是战略决定组织的结构呢？对此，有人提出过质疑，认为应当是先有流程，后有结构，流程决定结构。这样的说法是否能够站住脚呢？

　　在解释这个问题之前，我们要先弄清楚流程是什么？

　　所谓流程，就是一系列的经营管理活动，其核心目标是为了满足客户的需求，让客户满意。以制造业为例，从产品研发开始，到原料采购，再到生产、销售、配送等一系列环节，最终把产品送到客户手中，这一系列活动就是一个大流程。

　　如果以流程为导向来设置组织结构，显然就是以客户为中心，而不是以组织为中心。这种业务流程管理，的确比传统的职能管理进步了很多，但我们不能因此夸大流程的功能。流程的目的是服务好客户，而服务客户的本质依然是为了公司的经营。从管理的角度来说，所有的管理活动最终还是为了经营战略。

　　流程会对结构产生影响，但无法决定结构，它们之间不存在必然的因果关系。与其说"流程决定结构"，倒不如说"设计结构时要充分考虑流程的因素"，这样更加贴切。每当外部环境发生大的变化时，企业首先会调整组织结构，之后再更新相关的流程。从这个角度来说，我们可以把战略、流程和结构的关系归纳为——战略决定结构，流程影响结构。

　　那么，战略是如何决定结构的呢？

战略的定位，决定组织结构的定位

　　企业的发展战略定位，决定了所要进入的行业，以及各项业务的组合。行业和业务特性不同，对组织结构的要求也不一样。比如，从事零售业和制造业，对应的组织结构肯定是不同的；哪怕都隶属于制造业，产品和业务组合不同，对组织结构的形式和要求也不一样，就像生产手机和生产服装，两者"相差"甚远；

就算是相同行业的不同企业，其业务组合和结构也是不一样的。

即便是同一家企业的组织结构，也不是一成不变的，它要跟随不同阶段的战略来进行调整。我们以海尔为例，它过去主要生产家电，不做手机，也就没有对应手机业务的组织。后来，海尔集团看中了手机产业这块大蛋糕，决定进入手机生产和销售领域，就设立了与手机业务相匹配的组织结构。由此可见，海尔在组织结构上作出的改变，完全是为了适应战略的变化，如果不这样做的话，战略就没有办法实施。

战略的目标，直接决定企业资源的配置

企业的发展战略目标，决定了企业需要具备和发展哪些方面的资源。

假如一家企业的销售收入目标从过去的 1000 万发展到 3000 万，它需要具备的能力和资源要求肯定是不一样的。不同的战略目标，对企业人力、物力、财力资源的分配也是不一样的。倘若这家企业还是用原来实现 1000 万的组织架构，期待实现 3000 万的目标，无异于痴人说梦。同样，如果一个企业的组织架构明明能够完成 5000 万的目标，却用它来实现 2000 万的目标，那也是极大的资源浪费。

战略的策略，直接决定企业职能的重点

企业的业务战略和职能战略，直接决定要赋予企业什么样的

职能要求，相应地体现在组织结构的设置上。比如，现阶段的策略是研发，那么组织结构的设计就要突显研发的职能；反过来，如果某产品不太受欢迎，要在一年时间内停产，那么组织结构的设计就要削减这方面的职能。总而言之，战略的重点是什么，组织结构的工作重点就要放在什么地方，要调整部门与职务的重要程度，以及管理职务和部门之间的关系。

战略直接决定企业的管控模式和决策系统

如果企业规模较大，属于集团化的母子公司，那么母公司的管控模式和决策系统，就要依据子公司在集团的战略地位高低、总部资源与下属企业的关联程度强弱、子公司所处的发展阶段来决定。

综上所述，我们就可以清楚地理解，为什么是战略决定组织架构？一个内贸企业是不会设立外贸部的，而代工企业也不会成立研发部，零售企业更不会设立生产部，因为组织架构都是追随战略而设定的，它的存在就是为了支撑企业战略落地；如果企业的某一战略没有承载的部门，就会导致结构残缺。所以，在设置组织架构时，一定要以战略为导向。

02 / "互联网 +" 时代组织结构的变革趋势

　　说起组织结构的鼻祖，还要追溯到 20 世纪初亨利·福特汽车生产线的建立，它最突出的贡献就是让员工各司其职。随着制造业的快速发展，在分工逐渐清晰之后，开始衍生出金字塔式、事业部式、矩阵式等各种组织架构，它们最明显的特点就是分工和分权。

　　我国沿用金字塔式的组织结构已有很多年，目前绝大多数的企业，特别是大型企业集团，采用的依然是金字塔式结构。为什么称为"金字塔"结构呢？这要从管理幅度理论说起。

　　管理幅度理论认为，一个管理者的精力、知识、经验、能力都是有限的，因而他能够管理的下属人数也是有限的。通常来说，基层管理者可以有效管理的下属不超过 15–20 人，中层管理者可以有效管理的下属不超过 10 人，高层管理者可以有效管理的下属不超过 7 人。当一个组织的人数增加后，鉴于有效管理幅度的限制，就必须要增加管理层级。

　　金字塔结构具有传统组织的所有特征，它符合官本位的传统，主要特点是层级分明，各司其职，且可以分工协作。这和军队的组织很像，上传下达，下级接受上级的命令并执行，上级对下级的执行过程进行监督和管理。

然而，随着企业的发展，部门不断增加，管理层级也在增加，管理相较过去变得复杂许多，问题也开始层出不穷。这时候，继续采用金字塔式的组织结构，就会凸显出下列问题：

- 分工太细，管理幅度窄，管理部门多，层级复杂，人浮于事。
- 管理层级太多，信息传递路径太长，信息失真，导致决策失误。
- 组织僵化，无法对外部环境变化及时作出反应，难以适应环境变化。
- 多谋寡断，议而不决，容易出现扯皮推诿的情况，难以协调。
- 组织形成超稳定结构，一切按部就班，缺乏创新意识，很难变革。
- 拉帮结派，各自为政，增加监督控制的难度，效率低下。

现在，我们已进入移动互联网时代，管理学大师彼得·德鲁克提醒我们：互联网给世界带来的最大影响就是"零距离"，规模经济和范围经济变成了平台经济，信息从不对称变成对称，原来是企业掌握着信息的主动权，现在这份主动权已经转移到用户手里，因此交互变得越来越重要。

在互联网时代，信息技术的应用已经越来越广泛，原来信息指令需要逐层传达和反馈，而现在却已被新技术取代，比如微信、钉钉、电话会议，都是高效便捷的沟通手段。所以，在这样的大环境下，金字塔式的组织结构明显需要转型和变革。就目前的情况而言，组织结构已经呈现出四大变革趋势。

趋势一：扁平化

所谓扁平化，就是减少组织结构中的管理层级，继而实现管理优化，减少内部摩擦与协调成本，提高效率。扁平化组织的特点是，管理重心全面下移，基层岗位被赋予更多的权力与责任，管理者的管辖范围变得更宽，对管理人员的能力素质提出更高的要求。

为什么要采用扁平化的组织结构呢？早在 20 世纪 80 年代，通用电气的 CEO 杰克·韦尔奇就已经给出了答案："穿了六件毛衣后，你就感受不到外界气温的变化。"

这是一个很恰当的比喻，组织层级太多，就犹如穿了多件毛衣，企业的高层无法及时、准确地获取一线市场的变化，并及时作出调整和改变，导致企业的战略滞后于环境的变化。互联网时代的变化是高频次的，需要临机决断的事情太多。在这样的情况下，企业就需要缩短决策半径，采取扁平化的组织结构可以有效地解决这一问题。

IBM 公司前 CEO 郭士纳在接掌 IBM 后，就将 IBM 原来的金字塔组织结构转变为扁平化组织结构，销售人员与总部 CEO 的层级只有四五级。业务人员在销售过程中遇到问题，可以直接要求上司出面协助，或者直接调动组织内更多资源协调解决业务问题。凡是被召集的人员，都要积极做出响应，集中公司一切力量来解决一线问题。

趋势二：流程化

流程化的组织结构，弱化了职能，任何职能都只是流程中的一个环节，所有的活动都是为了输出产品或服务，以实现客户利益最大化。简单来说，流程化的组织结构，主要特征是以客户为中心，以市场为导向，不再强调部门与职能的作用。

海尔集团走的是国际化发展道路，它针对这一战略计划对原有的职能结构和事业部进行了重新设计，将原来的职能结构转变为流程结构，把垂直结构变成水平业务流程，形成了首尾相连、完整连贯的新业务流程。这种组织结构流程的转变，让海尔实现了"三个零"：与顾客零距离，质量零缺陷，资金零占用。

趋势三：网状化

网状化组织结构的最大特点是去中心化，淡化上下级界限，向外无限开放延伸。

网状化组织结构的典型代表企业是Google，它采用了小团队管理的方式，公司内部有很多"项目经理"，但他们要靠自己去找业务。Google内部出现要解决的难题时，多数时候就组建出一个又一个的工作小组，分头担负起随时可能冒出来的专项任务。

趋势四：无边界化

无边界组织结构是指其横向、纵向或外部的边界不经预先设定，并力图取消逐级智慧决策链条，保持恰当的管理跨度，以授权的团队来取代部门。在今天的商业环境中，企业想要有效运营，就必须要保证组织的灵活性与非结构化。

海尔为了迎接互联网时代的挑战，也进行了无边界组织结构的转型。从 2005 年开始，张瑞敏带领海尔开展了"人单合一模式"：人指的是员工，单指的是用户的价值，把每个人与他的用户价值连接起来，以达到双赢的目的。

海尔推出员工创客平台，把一个大企业转化为 2000 多个小微企业的联合体，与社会化行动相配合，构成无边界企业。变革后的海尔，只有三种员工：平台主、小微主、小微成员。在这样的组织体系下，海尔推行了无领导的理念。互联网时代，是用户决定企业，而不是企业决定用户。海尔现在做的，就是请用户来做 360 度绩效考核。

上述四种并不是组织结构发展趋势的全部，但它们存在共同性，那就是管理层级愈发扁平化，极力打破部门界限，下放决策权，用信息和知识取代权威，多依靠互联网沟通，强调协同联动。实践证明，这些创新性的组织结构，愈发凸显出良好的适应性和强大的生命力，为广大企业在进行组织结构转型，提供了参考和借鉴。

03 / 传统的管理会扼杀企业的成长

当企业发展到一定规模，管理的复杂性就会大大增加，这个时候，我们的企业领导者往往会感到力不从心，很难再像过去那样有效地驾驭自己的企业，更无法像过去那样轻松自如地运转企业。不得不说，这是企业成长与衰落的一个分水岭，何去何从全在于领导者的决策。

健力宝曾是中国民族饮料的第一品牌，在20世纪八九十年代风靡全国，市场占有率远超可口可乐和百事等国际饮料巨头。那时候，娃哈哈的掌门人宗庆后还特意组织公司的管理层到健力宝总部参观学习。如今，娃哈哈依然在市场中屹立，而健力宝却已永远成为历史。

为什么一个曾经被誉为"民族饮料第一品牌"的企业，风光了十余年后却消失在市场的洪流中呢？究其原因，还是健力宝的领导人在企业保持了十几年的高速发展后，放松了警惕和危机意识。当外部竞争环境已经发生了巨大变化时，没能及时进行管理转型，结果导致企业内部的运营管理不符合市场竞争的需求，品牌没能满足新一代消费者的需求，从而被新生代的消费者渐渐摒弃。

企业在不同的成长阶段，对组织的要求是不一样的。成长性企业必须要通过管理升级来稳固竞争力，而管理升级实际上就是管理转型的过程。我在多年的工作中接触过大量的成长型企业，其中有很多企业都是经历了艰难的创业历程，取得了一定的竞争优势后，就开始走下坡路。从原因上分析，绝大多数都和健力宝一样，没有跨过管理这道坎儿。

成长型企业在管理转型期，需要做哪些工作呢？在这里，我们需要引入"企业发展三阶段模型"，这个模型把企业的发展分为三个基本阶段：创业阶段、管理转型阶段、稳定增长阶段。这跟企业生命周期理论并不冲突，只是从另一个角度阐述企业在渡过创业期后，所需要开展的战略任务。

- 创业阶段：这一阶段的企业，处于快速增长期，市场地位逐渐形成。制胜的关键因素在于创新的产品或服务，建立基础客户群；初步形成服务线，保证服务质量。

- 管理转型阶段：这一阶段的企业，在稳定市场地位的同时，要实现组织转型与升级，在内力上赶超对手。制胜的关键因素在于形成规范的管理体系，提升效率，完成地域扩张和服务线重心转移，构建核心竞争力。

- 稳定增长阶段：这一阶段的企业，重在完成产业结构的战略思考与调整。制胜的关键因素在于提供高质量、高附加值的服务，维护并发展核心竞争力，开发新服务。

通过上述的介绍，我们不难看出，在管理转型阶段，市场环境与业务结构的急剧变化，给企业的管理带来了很大的影响，同时企业的效率也受到困扰。换而言之，管理不转型，会扼杀企业的成长与突破，无法再维持早期在业务上取得的成绩。这个时候，企业就要设计并实施全新的管理体系，来适应市场环境的变化，同时给自己制订全新的战略目标，并努力实现这一目标。

美的集团在事业部改革之前，企业大大小小的管理事务都要由董事长兼总经理的何享健签字，这让身为最高决策者的何享健倍感疲劳，他每天都在忙那些无效的具体事务，根本没有时间去思考企业未来的发展问题，而其他的中高层管理者全都变成了听命行事的"机器"，能力无法得到发挥，企业效率急速降低。

为了解决企业内部"大一统"管理体制给企业造成机制僵硬、效益下滑这一经营问题，美的集团开始实施以事业部制为核心的内部经营体制变革，按照产品类别设置空调、风扇、电饭煲等事业部，并赋予其充分的经营自主权。

经过事业部制改革后，美的集团的各类产品，尤其是空调、小家电等，得到了迅猛的发展。在实施完事业部制改革后的第二年，美的空调业绩突破性地获得了85%以上的增长。迄今为止，美的集团内部已经进行了多次的管理转型，每次管理转型都让美的集团的经营规模实现了突破性的增长。

看到这里，无须再多说管理转型的必要性和重要意义了。如果你的企业已走过艰难的创业期，并进入高速发展期，那么接下来一定记得思考：如何在企业内部管理上进行转型升级，把这份增长持续下去，实现突破？

04 / 如何提升管理转型的成功概率

管理转型这件事，对于多数成长型企业而言，都是惊险的一跃。正因为此，业界人士才调侃说："不转型是等死，转型是找死。"面对这样的境遇，该如何抉择呢？相信多数企业家的选择都是——"宁可找死，决不等死"，毕竟"主动找死"还可能有一线突围的生机。

我们要弄清楚一个事实：管理转型不是目的，不能为了转型而转型，这样的话，管理就变成了无本之木。最后的结果可能是，转型力度越大，偏离正轨越远。管理转型，是为了解决增长障碍而实施的一系列过程性举措，它是解决企业问题的过程，是重构企业文化的过程，是重塑企业核心竞争力的过程。所以，在开展管理转型时，一定要明确为什么而做？

没有哪个企业真的愿意"主动找死"，因而提升管理转型的成功概率就成了一个重要的问题。通常来说，管理转型要获得成功，需要具备以下几方面条件：

成功条件一：管理者及员工要有危机感

　　一个没有危机感的组织，不会有改变现状的欲望，因为习惯了舒适区。但我们都知道，外界的环境日新月异，变化的速度和频次在不断提高，没有危机意识的组织，在发觉情况有变的时候，往往已经来不及了。所以，企业的管理者自身一定要时刻保持危机感，同时还要在组织内部唤起全体员工的危机感，只有这样，以变革为核心内容的管理转型才会有实施的共识基础。

成功条件二：管理者要为员工树立远大目标

　　如果企业管理层只唤起了员工的危机感，却没能为员工树立清晰而远大的目标，大家想想会发生什么样的状况？这就好比，你意识到了当下的处境有危险，却不知道该怎么办？该往哪儿走？显然，会慌乱无措，变成热锅上的蚂蚁。所以，在培养员工危机意识的同时，企业领导还要为企业、为员工指出明确的努力方向和目标，让员工心里有底，避免因情绪上的恐慌而导致组织陷入混乱状态。

成功条件三：管理层核心员工的热情参与

　　管理转型不是领导者个人努力就可以实现的，需要员工特别是核心员工的热情参与。只有以管理层为首的员工积极参与，变革才可能成功。因为变革永远都是自上而下，管理层自身开始改变，才能影响员工随之改变。

成功条件四：有效的沟通和有效的激励

如果员工不知道企业进行变革和管理转型的意义，不明白其重要性，就很难发自内心地参与到其中来，他们可能会观望、等待，当变革触及他们的利益时，就会消极地进行对抗，为变革制造阻碍。为此，在管理转型的变革中，一定要和员工进行有效的沟通，同时采取相应的激励措施，包括物质激励和非物质激励，调动员工对变革的积极性。

除了上述的四个成功条件，要实现管理转型，还需要抓住几点关键问题：弄清业务发展战略，如运营模式的系统化思考、公司的业务方向、具体的发展目标和战略性举措；提升企业的管理能力，打造一个高效的组织体系，为实现增长盈利提供保障；构建公司独特的企业文化，打造基业长青的组织根基。

05 / 决策管控的艺术：集权与分权

美国兰德咨询公司研究发现，世界上每100家破产倒闭的大企业中，有85%都是因为企业管理者决策不慎造成的。诺贝尔经济学奖获得者赫伯特·西蒙更是直截了当地指出："决策是管理的心脏，管理是由一系列决策组成的，管理就是决策。"

跨越周期，实则是在考验企业的增长能力，而增长能力的核心，就是持续作出正确决定的能力。归根结底，又落到了决策上。决策有大有小，有主有次，有急有缓，有些决策依据直觉和经验就能够正确地作出，但有些决策却需要探讨、征询意见，或是按照预先约定的规则来进行，无论形式如何，目的都是一样的，为了达到一个令人满意的结果。

通常，决策的行为在企业的管理活动中，是通过集权和分权的形式体现的。对多数企业来说，高度集权很容易导致决策失误，毕竟每个人都会受到思维定式和思维框架的影响，没有谁能保证永远判断准确，即便能力再强，也难以解决未来的所有问题。决策的行为如果集权于领导者一个人，风险远比群策群力的风险大得多。

然而，我们的企业经常会出现这样的情况：领导者意识到了凭借过去的经验做决策行不通了，可又不敢轻易放权，毕竟是自己辛苦打拼出来的企业，担心放权后失控。有的领导者尝试过放权，结果问题一堆，漏洞百出，情急之下又把权力收回。这就是我们常说的：一抓就死，一放就乱，一乱就收。所以，老板对于放权这一敏感问题十分谨慎。况且，国内也没有完善的职业经理人约束机制，他们不知道该怎样建立放权体系？哪些权力可以放？哪些权力不能放？该放到什么程度？放权后要怎样监督和管控？

　　说一个身边的例子：我们公司的一位客户 T 先生，经营着一家金融公司。四年前，他招聘了一位出色的 CEO 帮自己打理公司的所有业务，把公司的所有资料都交给了对方，然后自己去国外处理其他事务。这一去就是三个月，期间他对公司的事情基本没有过问，等第四个月回国时，发现公司的业务几乎陷入了停滞状态，资产也快被掏空了。

　　很显然，像 T 先生这样的放权，根本不是放权，而是弃权。把权力下放，不闻不问，没有任何的监督措施，甚至没有长期合作的历史，就把公司所有的权力交给了一个临时招聘的职业经理人，这样的放权是很随意的，也是一定要杜绝的。

　　放权是领导者要做的，但在放权的同时要进行监督，这就形成了授权。现在，有不少集团公司都采用"集团管控"的方式，其模式大致可分为三种：

- **战略控制型**：集团总部对子公司提供战略指导，以战略来规范子公司的发展方向。

- 财务控制型：集团总部把注意力集中在子公司的财务管理、投资决策与实施监控上，只关注下属单位的盈利状况和自身投资回报、资金收益，不过问子公司的生产经营，他们只要达到财务目标即可。

- 运营控制型：集团总部从战略规划制定到实施，对子公司全部进行管控，直接管理各种生产经营活动和具体业务。

无论是哪一种，我们要知道的是，放权一定要有监督机制作为保障，这样才是健康的、积极的授权。管控的目的不是束缚子公司或下属部门的手脚，而是要更好地调动下属的积极性与创造性。就像松下电器的创始人松下幸之助所言："授权可以让未来规模更大的企业依然保持小企业的活力，同时也可以为公司培养出发展所必需的大批出色的经营管理人才。"

那么，企业领导者该如何做到有效地集权与分权呢？

这是一门管理艺术，美的集团在这方面的做法堪称典范，值得学习和借鉴。

美的集团的经营管理机制有很多，如创新机制、激励机制、变革机制等，但其中最为核心、影响力最大的当属分权机制，它强有力地激活了企业前行的动力。

美的集团的前董事长何享健，在带领美的从30多亿走上1000多亿规模的发展过程中，一直对职业经理人授以最大权限，他们甚至可以自行决定几千万、上亿元的投资。为什么何享健敢这样放权？原因就是，他掌握了授权的艺术。

1998年，美的集团完成事业部制组织变革，之后就出台了一份70多页的《美的集团主要业务分权手册》，手册中明确规定了美的集团和事业部之间的定位与权限划分，还详细地阐述了美的经营管理流程中的所有重要决策权的归属，为美的的分权提供了制度上的保障。之后，美的集团建立起精细到每个经营"神经元"的分权体系，将组织化整为零，成为一个个反应迅速的细胞体。同时，每个独立的细胞又时刻影响着组织内部的信息神经系统，让组织张弛有度，灵敏而有序。这种分权体系，已经成为美的最强大的竞争软实力。

美的在集权与分权方面，有一个"十六字方针"，可以说是分权管理经典，对国内的成长型企业有极大的指导和借鉴意义——集权有道，分权有序，授权有章，用权有度。

06 / 打造一支适应未来的精英团队

　　成功的企业背后，离不开一支成功的团队，更离不开一个成功的团队领袖；而失败的企业身后，也必有一支失误的团队，以及一个失误的领导者。但，优秀的团队不是凭空而降的，也不是一蹴而就的，它需要团队领袖和成员齐心协力，一起打造。

　　通常来说，团队的失败体现在以下几个方面：第一，团队的整体能力不足，无法领导整个企业的全面发展；第二，团队中起决定性作用的领导者个人能力不足，又刚愎自用，这直接决定了团队的失败；第三，团队过去有辉煌的成就，却因无法适应新的竞争环境而故步自封，墨守成规，让企业从辉煌走向没落；第四，团队因价值观不统一而产生冲突，内部成员相互拆台，造成严重内耗和分崩离析；第五，团队面对外部的巨变猝不及防。

　　要实现管理的转型，先得实现团队的转型，构建抑制能够适应未来发展的精英团队，关系到企业未来能否继续实现增长。那么，就成长型企业而言，如何才能避免上述的这些问题，打造一支优秀的团队呢？

团队有一个核心的灵魂人物

有人说，企业中的"一把手"就像阿拉伯数字1，后面的人则是0，有一个就变成10，有两个就变成100，有三个就变成1000……如果没有前面的1，再多的0也没有意义。优秀的团队，离不开优秀的领军人物。团队领军人物强调的是管理、协调和组织能力，他的专业能力或许不是最强的，但他必须有自己的独到之处，尤其是把一群人凝聚在一起的能力。

就成长型企业而言，早期可能是由一个人或几个人共同创业闯出了一片天地，基本上已经有了一个核心的灵魂人物，也就是公司的董事长。但也有的企业是家族式的，如兄弟或夫妻共同创业，每个人都有功劳和影响力，故而无形中形成了两个中心。有时，他们发出的指令不同，下属就会不知道该听谁的好。

这样的情况是要避免的，团队有且只能有一个核心的灵魂人物，这样才能够保证团队的力量往一处使，而不至于因为意见不统一，导致内部力量被打散，降低团队执行力。

为团队树立清晰而远大的目标

一个团队如果没有清晰的目标，那这个团队也就丧失了存在的意义。作为领导者，一定要让团队成员知道，他们所做的一切是为了达成一个什么样的目标。远期目标可以很宏大，但近期目标要切实可行，过高或过低的目标都会挫伤团队成员的积极性。

明确团队目标之后，还要细分团队成员的目标，让每个人都知道自己该做什么。接下来，再进行团队成员的责任划分，让每个人清楚地知道自己的责任，即明晰自己该做好的事情，以及做不好事情要承担的惩罚。

确保团队成员在技能方面优势互补

不同的团队成员，在专业和能力方面也存在差异，就好比战斗中的不同武器，各有各的用途，不存在哪一个更好，只有相互配合才能赢得胜利。团队成员都有自己的个性，自己的特长和经验，要充分实现他们能力的互补，形成一个类似球体的结构，才能更快地前进。

优势互补的技能要考虑三方面：其一，职能专业性，如研发方面要配高水平的人才，人力资源方面要配置专业的人力资源管理人才等；其二，风格要互补，管理者如果是集权型的风格，那么下属既要有参谋型的，也要有执行型的；管理者如果是放权型的，那么下属就要有很强的执行力，以行动型为佳；其三，齐心协力解决问题，团队成员要有快速找到解决问题的路径和方法，可以一起寻找答案，面对问题群策群力，直至把问题解决为止。

总之，一支精英团队应该有核心的灵魂人物，在技能方面互补，且能够合心合力合拍。我们在打造团队的时候，也要围绕这几个方面进行，显然这又是对领导者的一个重要考验。

07 / 怎样实现企业文化建设的落地

　　企业文化是一个老生常谈的话题，但就是这样一个话题，依然有很多的内涵值得我们去思考：企业文化是虚而空的东西吗？企业文化的实质到底是什么？企业文化怎样才能真正地为企业发展提供服务？

　　结合多年的管理工作与咨询经验，在我看来：要谈企业文化，就得回归到企业的本源，这样才能让企业文化有真正的落脚点。那么，企业的本源是什么呢？大家别忘了，它是一个经济实体，为了实现利润目标而存在。从这个层面来说，企业文化的本源就是要为企业增加销售和利润，以及降低企业的成本费用，企业文化的建设要围绕这一本源才有现实意义。

　　然而，很多企业在实际运营的过程中，并没有弄清楚上述的真相，在企业文化的建设方面存在很多误区。比如：错把文体活动当成企业文化；脱离企业经营管理的实际情况，描述出一些经营理念或精神，贴上标语口号；没有根据环境的变化及时对过去的企业文化进行调整；认为建设企业文化是靠基层员工推动的，忽略了最高管理层的作为……无论是上述哪一种情况，都是十分危险的。

真正优秀的企业文化，应当具有明确的目标指向，组织上下达成共识，立足于责权管理、绩效管理和能力管理，且还要立足于创新。这些是构建企业文化的基石，同时还有一个关键点，那就是企业文化的建设要与战略相匹配，要能够支持战略的实现。与战略相匹配的企业文化建设的核心，是确立企业的愿景与核心的价值观。

以沃尔玛为例，它是世界第一大零售连锁企业，在全球拥有超过 7900 家的大型零售店，年销售额超 3500 亿美元。沃尔玛的成功，离不开"天天平价"的战略，而这一战略的背后是成本管理。沃尔玛之所以能够实施有效的成本管理，是因为其创始人山姆·沃顿，成功塑造了"节俭"这一企业文化基因，他把节约每一分钱作为企业的信条。正因为此，沃尔玛才能够为顾客提供廉价的商品，实现"天天平价"的承诺。

企业文化必须要能够支持战略的实施，才能成为优秀的企业文化。换而言之，企业文化建设的落地，最终还要回归到确立清晰的企业战略上，它是围绕战略持续进行系统运营能力构建的过程。那么，该怎样来实现企业文化建设的落地呢？

第一，确立企业的使命、愿景、核心价值观，管理者带头践行。

通常来说，愿景和价值观都是由企业最高领导者提出，或是由专业部门人员提供经过领导者最后审定的，但现实中经常会出现这样一个情况：提出愿景、价值观不难，但要让其成为全体员工的目标、共同的观念、共同的行为准则却很不容易，甚至是愿景和价值观很好，但只存在于领导者的心里，并没有让全员知晓，这样显然就无法让企业文化成为员工的共识。

还有另外一种情况，就是企业提出了愿景和价值观，最高领导者只要求员工遵守，而自己却没有将其视为行为准则，结果我们可想而知。

第二，从搭建清晰的组织结构、管理团队、绩效管理等方面，推动企业文化的建设。

前面我们讲过，互联网时代的组织结构倾向于扁平化，这一点非常重要。因为组织结构清晰与否，对企业是否能够有效运作有重要影响。一个架构设置不清晰的企业，通常会造成部门和管理者职责不清，进而在工作上产生冲突。

对任何组织而言，优秀的管理团队都是达成目标的关键因素。作为企业的领导者，在建立扁平化组织结构的同时，还要打造优秀的管理团队，并从素养与能力两个维度进行考察。另外，企业还要有完善的管理制度，以避免拖沓的、不负责任的现象发生。

实施有力的绩效管理，倡导对结果、对行为负责的氛围，对企业文化的形成也是至关重要的。因为绩效管理把企业、部门目标与个人的回报、成长紧密结合起来，这样可以有效地提高员工的工作积极性，最终形成企业与员工共赢的局面。

第三，建立全通道式的沟通结构，推动企业内部对使命、愿景、价值观、战略和具体的管理准则形成良好的共识。

曾有一次，对某企业做沟通调查，我们发现：涉及员工个人之间的配合，多数同事都表示满意，可谈到部门之间的协作沟通，大家的态度却很不满。这让我们意识到，该企业在沟通方面存在阻碍，比如，高层和基层之间沟通不足，部门之间沟通甚少，营销部门与集团公司存在很大的隔阂……这样的结果，就导致了企业政令不畅。高层的思想和指示信息，根本无法全面有效地传递下去，而基层的情况也无法有效地呈现给高层，导致组织的凝聚力大大降低。

企业的文化建设要落地，一定得建立全通道式的沟通结构，让各级员工都能够把自己的想法直接传达给公司的管理高层。同时，也要让员工更多地了解企业的情况，哪怕是负面的信息，因为有深入的了解，才可能达成共识。与员工进行充分的沟通，对于实现组织目标而言，非常重要。

要知道，对多数员工来说，他们可能无法像最高层领导那样去理会企业的使命、愿景、价值观，他们更在意的是与自己切身利益相关的东西，比如薪酬、工作稳定性、个人成长，在这些基础之上，才可能去考虑企业的愿景、价值观与自己是否匹配。同时，他们也会通过组织结构是否合理、管理团队是否有能力、制度是否完善等，来感受工作的氛围，继而决定自己的付出。

正因为此，企业的处事方式、行为规则的确立、良好的工作氛围的营造，就成了企业文化建设的基础工作，这些是员工清晰可见、可感受的东西。单独去跟员工谈愿景、价值观，他们会觉得虚而空，缥缈甚远。也就是说，企业文化建设的落脚点，应当是以使命、愿景和价值观等作为指导，确立企业的行为规则，且让这些行为规则成为内部的一种习惯性的做事方式，继而营造出一种积极的工作氛围。

优秀的企业文化不会自动形成，需要企业领导者把自己支持

的以及用户的价值观、行为方式完全渗透到组织中，企业的文化
才能真正地落地。在这个过程中，企业领导者一定要身体力行，
起到真正的表率作用，让企业文化从上至下在企业中生根、发芽、
成长、开花。

为什么说企业能走多远，取决于企业家的职业化修炼？

在探讨这个话题之前，我们需要先弄清楚：什么是企业家？

马云曾经对生意人、商人和企业家作出这样的解释："生意人是为利益而活着，有钱就赚；商人要做到有所为，有所不为，商人把握机会。企业家以天下、改变社会为己任。做了什么，天在看，良心在看。"

生意人有钱就赚，甚至有些生意人为了赚钱不择手段，禁不住利益的诱惑，没有原则和底线，其境界就是"小人求生，无所不为"。商人知道什么钱该赚，什么钱不该赚，拿该拿的，弃该弃的，有自己的原则和底线，其境界是"君子爱财，取之有道"。企业家不需要追求基本的经济基础，他们要的是为社会输出自己的价值，其境界是"顶级高手，造福一方"。

从这个意义上来说，一旦成为企业家，他的命运不仅仅属于个人，而是属于其所在的企业，乃至整个社会。我记得，哈佛大学曾经开出一个有关企业家素质的清单，大致内容包括：创造性思考问题的能力、解决问题的能力、严密推理的能力、表达能力和谈判能力、领导才能、团队精神、知识结构、企业家精神、道德准则、超越自我的能力。

管理学上有一个"经理封顶"原则，其核心强调：一个企业再好好不过它的经理，一如金字塔再高高不过它的塔尖。企业能走多远，企业能成长多大，取决于企业家的精神和才能。换句话说，如果企业的领导者知识贫乏、见识浅薄、思维固化、眼界不宽、经营思路狭窄，碍于经营思维空间的限制，就算有机会摆在他眼前，也会错过。

最早的海尔就是一个即将倒闭的小厂，管理很差，而现在的它却成为中国家电企业中的佼佼者。个中原因，离不开总裁张瑞敏的决定性作用。当年，如果不是张瑞敏顶着巨大的压力，以极大的魄力亲手砸掉那76台质量不合格的冰箱，可能就不会有后来海尔冰箱高品质的美誉及跨越式发展。

我们在谈企业家对企业发展的决定性作用时，实则指的是企业家的领导理念和个性，影响甚至决定着企业在产业竞争中的生存状态。海尔和美的都是中国家电产业竞争演变中获得良好发展的成功企业，但两个企业的个性存在很大差异。海尔个性张扬，美的务实低调，这种特点就是张瑞敏、何享健两位企业家的领导理念。

思想决定行为，企业家的领导行为，直接决定企业的成败。所谓领导行为，就是不断发现问题、解决问题的过程，涵盖了五个要点，即见、识、谋、断、行。

所谓见，就是企业家具备专业领域的知识，且有问题意识，在定下高远目标的同时，还能够不断地"见"到问题，通过差异来发现企业运营过程中的各种问题。

所谓识，就是企业家懂得辨别企业的真正问题所在，有全局思考的意识，并能够把握关键点。正确的决策，先是做正确的事，这才不会偏离大方向。

所谓谋，就是企业家为决策问题研究、拟定各种可能的备选方案。

所谓断，就是企业家从备选方案中，选出解决问题的最佳对策。

所谓行，就是企业家在确定方向及方法后的执行落实与坚持。

当然，要实现这样的职业化修炼，并不是一件容易的事。事实上，企业家和所有其他的职业一样，都需要经历一个成长过程。结合对国内外诸多成功与失败的企业家进行研究分析，发现管理者要实现职业化的修炼，至少需要在四个方面不断精进。

不断地设立目标

作为企业家来说，没有谁强迫他抵达什么样的高度，一切全凭自我的信念。但从企业竞争的角度来说，如果企业没有高远的目标，走一步看一步，必将成为落后者。所以，企业家需要不断地给自己提出更高的目标，并带领组织成员积极地朝着这个目标努力。只有这样，企业才能不断地成长和突破。

主动地自我反省

无论企业规模大小，企业家都是站在金字塔尖上的人，很大程度上都属于缺乏约束和批评的群体。多数情况下，员工不会主动向老板进谏，更多的时候需要企业家自我反省，不断反思自己在企业经营中的得失。海尔的张瑞敏经常把"战战兢兢，如履薄冰"挂在嘴边，这其实就是一种反省思维。

勇敢地自我变革

企业家不仅要懂得自省，敢于根据内外部环境变化进行自我变革，包括思维的扭转与突破，以及行为上的调整。自我变革需要勇气，因为这是一个自我否定的过程。如果不进行这样的自我变革，企业家就难以完成职业化修炼。

积极地自我成长

企业家的自我成长，其实是一个不断学习和提升的过程。想要把企业带领到一个更高的发展水平，企业家本身也要提升各方面的素养和能力。

浙江万向集团的鲁冠球被誉为企业家中的"常青树"，他的学历只有初中，但这并不妨碍他的后天精进。他很少陪客户吃饭，每天从晚上 7 点到 12 点都是看书看报、看新闻，即便出差也会坚持这样做。这种自我成长的方式，让他成了一个能说会写的"农民理论家"，在《求是》《人民日报》《经济日报》上发表了多篇文章。

总而言之，不断学习是精进的必经之路，也是每一位企业家必备的能力与素养。因为企业家的思维、知识与能力，构成了企业成长的极限。所以，身为企业的领导者，切勿忘记自我成长，因为"你"正是企业兴衰的决定性因素。

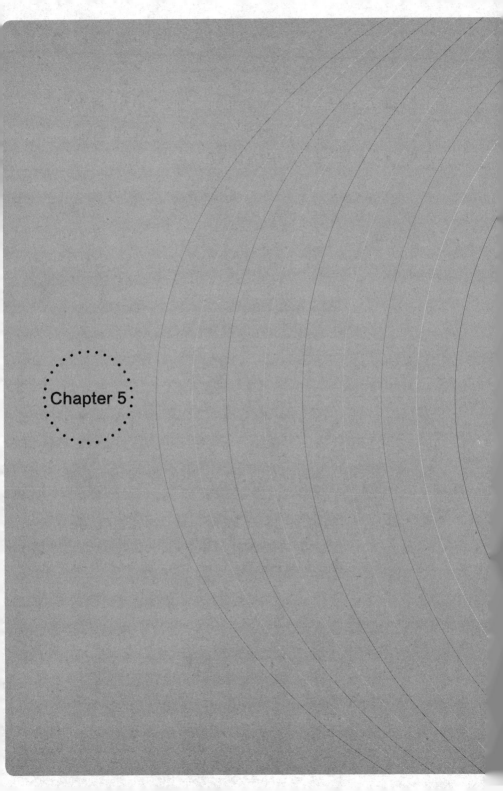

Chapter 5

产品进化 |
陪你的用户
一起成长

"不为产品升级，要为用户升级。"

01 / 谁也无法避免一款产品的衰落

在融创中国 2018 年中式产品发布会上，融创中国行政总裁汪孟德直言："要想把企业做长久，做得有竞争力，产品是最基本的要求。"他认为，产品是最需要、最值得一心一意聚焦所有精力去做的东西。

没错，任何企业的存在，都是基于一定的产品存在这个前提。产品做得好与坏，直接关系到企业的生死存亡。所以，优秀的企业领导者从来不会弱化对产品的关注，因为产品是企业生存的根本。

为什么说是"根本"呢？因为企业的存在是为了满足用户的特定需求，而满足用户需求必然要依托产品这个载体。但要指出，不是企业研发出了一款爆红的产品，就能一劳永逸了。

所有的产品都和生物一样，存在生命周期，即：起步期、成长期、成熟期、衰退期。从产品诞生开始，在无外力使其夭折或发生重大转变的情况下，它会自然地走向衰退；如果有外力或突变，那么产品衰退的速度就会加快。

诺基亚公司成立于 1865 年，总部位于芬兰。在初创时期，诺基亚主要从事纸浆的生产和造纸业务，后来逐步扩展到胶鞋、轮胎、电缆等领域。由于涉及产业过多，又没能将所涉及产业中的产品做到极致，价值产品经营方面存在问题，导致诺基亚在20世纪90年代初期时，就濒临破产。

1992年，约玛·奥利拉出任诺基亚的CEO，开始对诺基亚的现有产业进行拆分，出售所有的传统产业，只保留和电信有关的部分，致力于做一家专业的手机制造商。从1996年到2010年，这十四年间，诺基亚发展成为世界上知名的手机制造商，且它的产品一直占据手机市场份额第一名的位置。

早在1996年，诺基亚就推出了基于Symbian（塞班）操作系统的智能手机。2003年，诺基亚经典款"1100"手机在全球累计销售2亿台，获得了巨大的成功；2010年第二季度，诺基亚在移动终端市场的份额约为35%，领先当时其他手机市场占有率20.6%。

然而，仅仅过了一年，也就是2011年，诺基亚全球手机销售的增速就被分别采用IOS和Android操作系统的苹果和三星等手机超越，在智能手机市场领域，诺基亚开始呈现节节败退的趋势。到了2014年，诺基亚宣布正式退出手机市场。

智能手机时代来了，而诺基亚还停留在过去，它的产品并没有与时俱进，结果因产品的不给力，"革"了整个企业的命。

这也告诉我们，企业想要持续增长，在产品的问题上，要想办法提高开发与引入阶段的效率，加速成长的步伐，延长成熟以及成功的周期，以此减缓衰退的进程。要解决这些问题，需要准确判断产品的生命周期，并在正确的阶段使用正确的策略。

02 / 产品生命周期不同阶段的挑战

对企业领导者来说，识别、认知和理解产品处于生命周期的哪一阶段，以及不同阶段的关注要点是什么至关重要。前面提到过，产品生命周期分为：起步期、成长期、成熟期、衰退期四个阶段，我们就详细介绍一下这几个阶段，并梳理各个阶段要面临的挑战。

起步期——创造用户需求，识别真实的目标用户

无论是全新的产品，还是某一款成功产品的延续或升级，都会经历起步期。

如果产品是开创市场先河的那一类，那么最大的挑战莫过于如何创造用户需求。毕竟，用户在此之前没有接触过这类新品，企业要做的就是聚焦于如何引起用户的注意，通过向他们宣传展示产品的优势，从而引导用户购买。

这个过程，也是对产品与市场匹配度的验证。虽然市场调研和早期试验中进行了产品的可行性分析，但只有用户真正为产品

买单了，才能宣告产品是成功的。

在这一个阶段，产品团队需要保持高度敏锐，在尽可能短的时间内确认产品是否可以在市场中立足？如若不可行，就要及时止损。一旦产品开始起步，企业就要认真识别，到底哪些人是产品的真实目标用户？最能打动他们的功能是什么？

起步阶段不是产品生命周期中耗资最多的一个环节，但却是盈利最弱的阶段。相比前期的研发费用、营销费用，这个时候的收入很微薄，几乎可以忽略不计。当收入逐渐开始扩大的时候，产品就要过渡到下一成长阶段了。

这一阶段，企业领导者要紧盯产品研发的两个关键点：我们的产品究竟能够做什么？用户为什么会选择我们的产品？这些信息对于后期的营销和销售团队而言，非常重要。

成长期——平衡价格，识别潜在可转化的用户，对产品功能进行调整

当产品的销售额开始上升时，就证明产品在市场中有生存能力。这一阶段，利润空间会随着规模经济效益不断扩大，生产数量达到一定规模后，单位产品的生产成本就会下降。不过，随着产品销量的提升，竞争对手也可能会推出相似的竞品。

随着竞争者的涌入，企业就要在价格调整上做好平衡，既保持竞争优势，又不能放弃太多应得的利润。这个时期有一项巨大的挑战：识别初期的目标用户，以及潜在可以转化的用户，继而对产品的功能进行调整。

成熟期——关注主要指标，探究用户行为，以便产品升级改良

对企业而言，产品的成熟阶段是实行差异化战略的时期，也是削减成本的机会。想要在竞争中脱颖而出，实现高投资回报率，就需要向用户提供增值服务。在产品的成熟阶段，领导者要密切关注主要的指标，确保在漫长的成熟期里尽可能减少衰退的影响。

这一阶段，企业要探究用户行为，对比留下来的客户与流失客户的差别，以便更好地对产品功能进行改良。同时，关注用户行为，以便更好地进行产品培育。这些举措，都是为了让现有用户尽可能久地保持对产品的满意度。

衰退期——利用现有资源开发新品，或寻求老用户的回归

任何优秀的产品，都避免不了经历衰退的阶段。这可能是由于整个同类产品市场出现萎缩，有更好的替代方案涌现，也可能是市场整体需求下滑，抑或产品被市场淘汰，竞争对手的产品在流行度、性价比或功能性方面更胜一筹。

所以，想更好地应对产品的衰退期，就得先弄清楚，到底是哪种原因导致了产品的衰退。如果是整个市场出现萎缩，就要考虑怎样进入新市场，如何高效地利用现有的技术基础和品牌价值；如果是产品遭遇衰退，就要及时地纠正偏差。

产品在衰退期转型成功的概率并不高，但也不是不可能。苹果就成功地在这一阶段把重心从台式电脑转移到移动设备；麦当

劳针对人们饮食习惯的改变，推出一些限制卡路里的套餐和健康沙拉……这些企业都是利用现有的资源，在原产品之外开创了新的天地。

当然，还有一种延缓产品衰退的办法，就是寻求老用户的回归，或者是激活那些不活跃的用户更多地使用产品。在这个过程中，营销团队发挥着重要的作用，他们能够识别哪些用户最有回归的可能？这些用户最关注哪些功能？用什么样的方式通知这些用户？

如果产品确实已经走到尽头，那么终止服务等后续事项，就得排上日程了。尽可能以容易接受的方式通知现有的用户，告诉他们你的产品要关停了，后续的一些问题要怎样处理，以最优质的服务维护好与用户的关系，无论未来是否还有机会再相见。

产品生命周期在不同阶段间的过渡是不可避免的，而企业领导者尤其是产品经理，要做好的工作就是：把产品从起步期引入到成长期，尽可能地维持产品的成长性；在成熟期尽可能多地获取利润，在最后的衰退期保持产品的生命力。总而言之，企业管理层所做的决策和付出的努力，都会实实在在地影响产品生命周期各阶段的长度和质量；而管理者要具备的技能也会随着不同的阶段而发生改变，因而管理者要持续地精进、学习和改变，应对不同时期的挑战。

03 / 过分依赖成熟期产品会跌入陷阱

"产品生命周期陷阱"这一概念，最早是由美国营销学家通过研究 20 世纪美国大公司的历史以后提出来的。他们在调查美国按资产规模统计最大的 25 家公司后指出：有些知名的大公司一度占有令人惊叹的市场份额，因为它们手里握着非常强大的、处于成熟期的产品，并因此成为"成熟期企业"。

然而，这些成熟期企业过分依赖成熟期产品，害怕承担开发新品的风险和困难，故而把产品创新拒之门外，结果就导致成熟企业的产品开发与革新能力逐渐衰退。我们说过，任何产品都无法逃脱自己有限的产品生命周期，随着产品衰退期的到来，这些辉煌一时的大企业，也随之衰落，甚至消失。

这，就是产品生命周期陷阱。

换个角度思考，作为成熟期企业，如果我们不迷信成熟期的产品，不是被动地受制于产品的生命周期，不把处在销售巅峰期的产品当成财务上进行榨取的对象，而是想办法努力去挖掘现有核心产品的潜能，遵循用户的基本需求，不断对现有产品进行改良和升级，去满足并创造用户新的需求，那就可以成功地跨越产品生命周期陷阱，延长产品在成熟期的持续时间，甚至让产品重新回到成长期。

美国拉斯维加斯有一家酒店，当顾客结完账离开后，门童会顺手递给顾客两瓶冰冻的矿泉水。对于酒店来说，两瓶矿泉水的成本很小，但顾客的感受却很不一样。从这家酒店开车到最近的机场，大约需要 40 分钟，中间没有加油站和休息区，这就意味着，顾客在途中是没办法获得补给的。

拉斯维加斯靠近沙漠，夏季经常出现超过 35℃ 的高温，顾客在前往机场的过程中，肯定是需要补充水分的。此时，这两瓶矿泉水就发挥了效用。我们要注意一个细节：酒店送出这两瓶矿泉水的时间是在顾客结账之后，也就是说，它们完全属于酒店的馈赠。想象一下：如果你在路途中，口渴难耐，拿出这两瓶冰水一饮而下的时候，你是什么感受？下一次光顾拉斯维加斯，你会不会还光顾这家贴心的酒店？

酒店是服务行业，服务就是它的产品。这家酒店并不是什么豪华级别的，也没有明显的竞争优势，但它却从"送冰水"的细节入手，给自己的服务加分，从而吸引了大量的回头客。从产品的角度来说，这何尝不是一种微创新呢？

说到底，一个企业能否持续不断地进行产品创新，开发出适合市场需求的新产品，直接决定着它能否实现持续稳定的发展。特别是在科技发展迅猛、产品生命周期大大缩短的互联网时代，企业产品面临的挑战更是严峻，不及时更新产品，就可能走向没落。

市场上不存在永远畅销的产品，任何一款产品在市场上的存在都有时间长短之分，这不是由产品生命周期理论决定的。我们思考一下：产品因何而存在？毫无疑问，是为了满足用户的需求，不同时期的用户存在不同的消费倾向，因而对产品也就提出了不一样的要求。那些能够适应用户需求的产品，就能在市场上存活；那些过时的、无法满足用户需求的产品，就会失去存在的理由，从而被市场淘汰。

显然，我们的企业要自觉地迎合市场的变化，开发相应的产品，以此来获得发展。用户的需求是不断变化的，这直接决定了企业也要不断地创新产品。企业的生命是以产品为载体的，产品的消亡，就意味着企业以这种产品作为其使命载体的可能性消失了。这个时候，企业不能革新产品，必然就会随之消亡。

市场是残酷的，用户是挑剔的，产品不会因为过去和现在得到过用户的宠爱，就永远不会被抛弃。企业不断研发推出适应用户需求变化的新产品，是企业长久发展的根基。在接下来的章节中，我们就详细谈谈，企业该怎样开发产品，以及怎样依托产品满足用户不断变化的需求，从而实现产品的周期跨越。

04 / 用户思维：产品背后的底层逻辑

菲利浦曾经推出过一款空气净化器，购买时随机器附带四层滤网。不过，这四层滤网都是提前安装在机器里的，并没有分开包装。用户拿到设备后，就像平常样直接插上电源、打开开关，进行常规的使用。在用户看来，这样就能让机器正常工作了。

用户们并不知道，那四层滤网的塑料袋没有拆除，根本就起不到净化的作用。机器在工作时，也不会检测到这个问题，继而对用户发出提醒。就这样，很多用户都是在使用了几个月之后，需要更换滤网时，才发现这个问题。

有用户提出意见：为什么设计者不提前告知用户这一情况呢？

事实上，设计者在电源插头上粘贴了一个小小的黄色标签，并在产品使用说明书上提示用户要先拆除滤网塑料封套，才能正常使用。可问题是，那个黄色的小标签太不起眼了，很容易被用户忽略，而很少有用户会仔细阅读完说明书，再去使用产品。

菲利浦的这款产品，从设计上来说，就存在用户思维不足的问题。设计者没有设身处地地站在用户的角度去思考，只是自认为所做的"提示"已经够了，却没有回归到用户的视角和生活场景，想象到用户使用净化器的常规习惯。

像菲利浦这样的案例，并不在少数。很多产品都是基于开发者自己的喜好和判断来研发的，历经辛苦总算问世，本以为倾注了大量的心血，且已经考虑得很全面，不料用户却根本不买账，针对产品的具体判断，变成了鸡同鸭讲。

用户思维是产品的灵魂，那我们该如何站在用户的角度，去打造一款产品呢？

以实用性快速获取用户

一个产品，无论怎样宣传，其核心价值依然在于实用性。用户购买了产品以后，一定要是可以用得上的，且使用起来要简单、方便、省心。只有这样的产品，才能够快速获取用户。

亚马逊的 Kindle，就是这样一款产品，它针对的目标群体是喜欢看书却又受制于外界环境的人群：实体书太厚重，不方便携带，晚上开灯看书会影响家人休息，市场上的电子书软件质量参差不齐，想找到高品质的电子书，还要花费大量的时间和精力。更要命的问题是，手机屏幕不适合长时间阅读。

亚马逊发现了用户的这一潜在需求，就以电子书的实用性为切入口，利用自身在图书行业多年的经验和资源，打造了线上电子书购买商场；同时，用电子墨水的技术，打造出 Kindle 这样便于携带、阅读舒适、续航时间长的硬件产品。两者结合，实现了线上线下一体化，从而在电子书领域占据了头部位置。

我们在打造产品时，应当从最简单、最实用、最方便的功能入手，把自己变成一个对行业背景、技术细节一无所知的用户，重新审视产品，才能真正做出符合用户需求的东西。换句话说，打造产品时要回归"傻瓜状态"，这是用户思维最直接的体现。

以场景化吸引用户关注

过去的很多产品和广告，大都属于"骚扰模式"，商家只想着让更多的人看到，而忽略了具体的场景。结果导致，用户在接收到这些信息时，倍感厌烦和抵触。互联网时代的营销和产品则一改往日的风格，更多的是基于社交化、场景化、娱乐化、互动化来运作的。一个产品让用户知道只是开始，如何互动才是关键。

小米曾经推出过一款床垫，按常理说，这不是什么新鲜的产品，也没有值得营销的点。但小米抓住了大城市上班族碍于房价太高、没有自己舒适的家，出租房里的床睡着又不舒服这一场景，主打"睡个好觉其实不贵"的卖点，贴近了大城市上班族的心。同时，比起传统床垫，小米的床垫看起来更加时尚，价格也实惠，赢得了目标群体的青睐。

高度地贴近场景，让用户没有心理负担，没有被迫接收信息的抵触情绪。这样的话，就从你找用户变成了用户找你，变被动为主动。

以价值传递打动用户

任何一种产品，其本质都是在传递某种价值，区别就在于传递的方式和力度。企业在研发产品之初就要思考：我的产品到底能给用户带来什么价值，且这种价值一定要是最精简的。

以苹果公司来说，它的产品传递的价值核心就是：立足科技与人文之上的简洁。正因为有了这种简单、清晰的价值定位，才使得苹果的产品以最直接、最有力量的方式把价值传递给用户，打动用户。

以生态协同黏住用户

现在已经很少有单纯的软件公司或硬件公司，因为产业的边界正在逐渐变得模糊，逐渐有了融合的趋势。想再依靠产品线数量取胜，将会越来越难以生存，因为产品之间没有联系，无法互动，相对价值就会降低。现在许多成功企业推出的很多产品，彼此之间都不是孤立的，而是在一个生态里彼此协同、互为助力。

最典型的例子就是小米公司，它不仅生产手机，还有各种智能家居，当用户购买了小米手机以后，就相当于进入了小米的生态系统中，手机是这个生态链的核心，利用手机可以连接和操控其他家居，让单一的产品变得立体化，让使用场景叠加。

看到这里，想必大家也有所感悟：很多时候，不是产品不行，而是没有立足于用户，没有深入思考。仅仅依靠自身的经验和喜好去研发和营销，受挫是必然的，我们真正需要花时间和精力关注的，是产品背后的逻辑，是把用户思维运用到产品中，更新我们对产品的认知，从而打造出真正有价值的产品。

05 / 找到用户的理性痛点与感性痛点

　　解决用户的痛点，是企业存在的必要性，但想成为一个优秀的企业，仅仅满足功能性的需求是不够的，还要懂得如何把用户的痛点舒适地解决掉。这个过程就像拔掉蛀牙，只懂得拔牙技术是不行的，还要让牙痛的人舒服地摆脱痛苦。

　　用户的需求存在理性与感性之分，因此用户的痛点也可分为"理性痛点"和"感性痛点"。经济学领域有一项研究发现：当一个经济体中人均年收入超过 4000 美金后，居民消费将从理性阶段过渡到感性阶段，而互联网的出现，则给这一趋势增加了助力。2015 年最新数据显示，我国城镇居民收入已达 4700 美金，我们也看到了，在北上广深、成都南京等一二线城市，以释放压力、获得精神愉悦体验的产业在商业中的地位越来越高。可见，当前我们的企业要面对的就是用户痛点从理性到感性的转变。

　　在传统的商业中，用户的痛点很容易找到，都是显而易见的。走进餐饮店的用户，痛点就是饥饿；走进减肥俱乐部的用户，痛点就是肥胖；光顾医院的用户，痛点就是疾病……我们的企业只要有针对性地满足用户的痛点，就可以在市场上找到立足之地。

这些年我们经常听到"刚需"二字，它是站在用户角度说的，意思就是无论怎样都必须满足的需要。但，随着居民收入的增加和互联网时代的到来，痛点的内涵悄无声息地发生了变化。很多企业发现，原来能够很好地满足用户痛点的产品，忽然间不再受欢迎了。

诺基亚的故事，我想就不用赘述了。从商业本质上说，诺基亚之所以被用户淘汰，就是因为它没有跟上用户的痛点转变。早些年，用户对手机最直观的需求就是耐用，谁也不希望磕碰一下就得换新，所以那个时候手机用户的痛点就是质量。诺基亚手机刚好满足了用户的痛点，甚至有人做过试验，诺基亚的手机从数米高的楼层摔下去，拼装好还能正常使用。

可是，互联网的兴起把人们带到了智能时代，这个时代的用户对手机的需求已经不仅仅是质量了，还要求外观漂亮、上网方便、兼容性强，这些都是用户全新的痛点。在这些新痛点面前，诺基亚只具备质量过硬的优势，就显得过时了。

从上述过程我们不难看出，随着时代的变迁，用户的痛点已经完全不在产品的功能上了，而是在于产品的使用感受。这样的变化，让许多传统企业措手不及，甚至不少处在盛年期的大企业，因为没能抓住互联网特质的用户痛点，而导致利润被创新性小企业蚕食。

那么，企业想要在互联网时代保持持续增长的态势，该怎样抓住用户的需求呢？或者说，该怎样找到用户的痛点呢？这里我们就要说一说马斯洛的需要层次理论了。

美国心理学家亚伯拉罕·马斯洛通过研究发现，人类的需求从低到高按照层次可分为五种，即：生理需求、安全需求、社交需求、尊重需求、自我实现需求。

很简单，人先要满足生理需求和安全需求，要吃饱穿暖，有遮风避雨的住所，这些需求属于理性需求，如果这些没有被满足，那就是理性痛点。当生活越来越有保障，已不再为衣食住行发愁时，就要开始追求心理上的需求了，如"餐食吃了能否让我更健康""衣服装扮是否符合我的身份"等等，在条件允许的情况下，用户就会选择更符合内心期望的产品。

从社交需求开始，用户的痛点就开始变得复杂多样了，而之后的尊重需求和自我实现需求，则让用户的痛点更趋于精神感受。这三类需求的共同点就是，更偏向精神层面，因此也称为感性需求；如果这类需求得不到满足，用户就会产生相应的感性痛点。

企业想要让用户满意，就要先找到用户真正的痛点，并分析用户的痛点是理性层面的，还是感性层面的，再为其提供所需。当用户呈现理性痛点时，企业就要集中解决产品的功能性问题；当用户呈现感性痛点时，企业就要着力解决产品体验的问题。如果能够两者兼具，把用户的双重痛点全部解决，那么用户没有理由不选择你。

06 / 怎样才能打造极致的用户体验

　　就多数企业而言，解决用户的理性痛点并不太难，但触及感性痛点时就显得不那么从容了，不知道该如何发力。实际上，要解决感性痛点，最关键的就是用户体验。

　　什么是用户体验呢？很多人认为，就是用户在使用产品之后的主观感觉。实际上，这只是对用户体验的片面理解，并不完整。在我看来，用户体验并不是指一件产品本身是如何工作的，而是指产品如何与外界发生联系并发挥作用，也就是用户如何"接触"和"使用"它。

　　当用户向我们询问某个产品或服务的时候，他们问的是什么？是使用的体验，比如：用起来难不难？容易学会吗？使用的感觉如何？要知道，体验并不直接对应着感受，它对应的对象是"经历过程和个人感受"。讲到这里，不知道大家有没有受到一些启发？

　　传统的销售思维，通常都是用户与商家发生交易之后才能够去体验，比如客户付款后，才能享受到某种服务。但用户思维却是，从用户开始关注的那一刻起，体验就已经产生了，且会一直持续到售后的服务。整个过程中，没有任何的束缚和圈定，也不存在任何的"套路"，就是要带给用户自在的、舒适的、可信的体验，让用户从内心真正地认可自己。

有一个叫斯科特·麦克凯恩的美国人，曾经遇到过这样一件事：他要到美国一个城市为一群商业领袖做演讲，但是很不幸，他的行李箱被航空公司塞进了另一个航班。于是，他试着通过电话，让一家名为 Men's Warehouse 的男装品牌店根据他的尺码准备新的西装。在此之前，斯科特知道这个品牌，只是从来没有买过它的服装。这一次情况紧急，他临时做了决策，没想到就是这次的体验，让斯科特彻底成为该品牌的忠实顾客。

原因很简单，Men's Warehouse 迅速反应，服装质量也很好，同时提供了藏青色和炭黑色两套西装供斯科特挑选，不仅让他如期完成了演讲，且完全超出他的预期。斯科特·麦克凯恩有一本著作叫《商业秀》，他在里面写过这样一句话：所有的行业都是娱乐业。在他看来，所有的行业都应该像娱乐业一样，最重要的不是销售产品，而是销售用户体验。

那么，如何才能够打造出极致的用户体验呢？我认为，至少应做好以下三件事：

第一件事：超出用户的预期，带给用户额外的惊喜

超出预期的用户体验，简单来说就是：消费者原本以为只是如此，可没想到却远远超出了他们的想象（这里侧重于强调好的方面）。这样的体验会带给用户很大的冲击，品牌也会快速进入用户的内心。那么，具体该怎样做呢？

首先，产品的品质非常重要，它直接决定消费者对这个品牌的第一印象。在保证产品品质的基础上，再给用户一些附加产品，加强印象，并提升信任感。当产品这一关顺利通过后，最走心的就是情感体验了。当满意的产品配上温暖的人情，营销就显得格外地"真"。

第二件事：让用户真实地感知到产品主打的卖点

过去，人们对于用户体验的理解，大都停留在产品的外观和包装上。其实，产品的体验应当贯穿在用户使用产品的整个过程中，细节的体验直接决定着用户对产品的评价。

某通信公司曾经推出了一款手机，主打卖点是绿色无辐射，可用户并不买账。为什么呢？你说手机是绿色无辐射的，用户感知不到，如何去判断呢？摸不着、看不到，那就跟没有一样。后来，这家公司又对产品进行升级改善，换了一个主打卖点——防窃听，结果就跟上一次一样，用户还是不买账，你说能防窃听，我怎么验证呢？

想让用户有一个好的产品体验，首先就要具备一种形式，能让用户去感知你主打的卖点，只有感知到了，尝试过了，才能下结论评判好坏，才能决定买与不买。

第三件事：让良好的用户体验贯穿于每一处细节

细节决定竞争力，同时细节也彰显魅力。

如果有一家五星级的酒店，住一宿需要 2000 元钱，用户看上了它的富丽堂皇、一应俱全，可入住后却发现，这里不提供免费上网服务，上网还需要单付费。试算一下：用户的心理阴影有多大？这不是一个特殊案例，现实中类似的情况比比皆是，令人费解的是，许多企业并没有意识到这些细节问题，自认为产品和服务已经很好了。

无论是什么行业，提供的是虚拟服务还是实体服务，在实施的过程中都存在着大量可以改善的细节，而这些都可以有效地提升用户体验。对企业而言，技术革命的影响是长期的、平等的，可当技术条件相当时，唯有通过产品的体验设计、提升用户体验，让用户感觉更愉快、更有价值，用户才能心甘情愿地选择你、忠于你。

今天的企业，卖的不是一个产品本身，而是这个产品为用户带来的感受。这就如同用户购买了一个杯子，他真正需要的是喝水吗？那只是需求中的一部分，真正打动用户的是这个杯子后背的含义。如果买了一个杯子，既可以喝水，又可以获得一份安静、舒适的心情，还能在喝水的过程中回忆起一段往事，那这个杯子才变得"不同寻常"。

07 / 陪伴式成长：留住用户的心法

彼得·德鲁克说过，企业存在的唯一目的就是创造用户。就企业而言，不仅要为用户提供服务，还要与用户建立情感链接，要陪伴用户的日常，与用户共同成长。延伸来讲，不单纯是用户，与企业发展相互关联、相互依赖的各个群体，都要与他们建立情感链接、共同成长。通过这种陪伴获得的发展方式，我们就将其称之为"陪伴式成长"。

谈两个现实中比较典型的产品案例，它们都做到了陪伴式成长。

网易云：用户 UGC 歌单，记录听音乐时的情境，与其他用户互动

早期的音乐播放器，如酷狗音乐、天天动听、QQ 音乐等，想必大家都接触过。它们一直都是以工具类的形式存在，用户使用的路径是，搜索自己喜欢的音乐，然后播放，完成使用。从播放器产品的角度来说，自然是谁的曲库资源充足，谁的竞争力就强。

后来，网易云音乐问世了，用户的使用习惯也发生了改变。他们原来是主动去搜索歌曲，而现在变成了直接播放系统推荐的、用户可能会喜欢的专辑。在网易云音乐中，用户可以创建自己喜欢的歌单，把喜欢的音乐存放在歌单里，不同情景、不同情绪下创建的歌单可以不同，连歌单的名字也极具差异化，比如"愿时光能缓，愿故人不散""古典拯救你失落的灵魂"等。用户在播放他人专辑的时候，乐此不疲地制作歌单，希望遇到知己，用户UGC歌单就成了与其他用户交流的载体。

网易云音乐的留言区，有不少用户写下了他们与音乐的故事。这些内容记录着用户的情绪，每当用户翻看这些东西时，都会想起自己当时的心境，而情感会支配人的行为。用户在网易云音乐上创建越多的歌单，写下越多的留言，与其他用户做越多的交流，他们就越不会轻易选择同类竞品，因为这里有他们存在过的痕迹。除非产品做了巨大的版本改动，伤害了用户，否则用户不会轻易离开。

运动类 App：记录用户的运动数据，刺激用户"回忆杀"

运动爱好者们经常会利用运动类 App 记录运动数据，大家熟悉的有悦跑圈、咕咚、Keep，但用户通常不会同时使用多款记录运动数据的 App，除了用户自身的使用习惯外，还因为用户在使用 App 的过程中，会产生许多属于自己的数据，如果要更换 App，之前在其他 App 上产生的数据，是没办法做转移的。

以 Keep 来说，它可以记录四种不同类型的运动：行走、健身、跑步、骑行，满足多种场景的运动需求。如果用户经常跑步，那么 Keep 就能记录用户单次跑步数据以及长期积累的跑步数据，用户可以查看这些数据，看看自己是怎样一步步坚持过来的。

其实，无论是网易云音乐，还是运动类 App，它们不仅仅为用户提供了功能性的需求，还能够唤起用户的回忆，让用户之间产生互动链接。留在产品中的用户足迹，记录着用户的成长轨迹，以及他们和产品之间的故事。用户与产品是一起成长的，产品历经迭代进化成更好的产品，而用户也从产品中获得满足，成为更好的自己。如此，用户又怎么会轻易离开？

爆品思维，就是打造一款火爆的产品吗？

我们经常会听到这个词——爆品思维，如何做爆品是当代企业既想追求却又纠结的问题，大家都在思考：爆品思维到底是什么？相信不少的企业管理者也在为此问题劳心费神。

有人说，爆品思维就是打造一款让企业实现巨大利润的产品；有人说，爆品就是做流行的产品；还有人说，卖得多的产品就是爆品……众说纷纭，一百个人会给出一百个不同的答案，但有一点是共通的，多数人都认为爆品思维就是要打造一款产品。

可以理解，每个企业都希望打造爆品，就像每个人都希望成为朋友、爱人、老板、下属心中的爆品。然而，大家并没有意识到，从思维方式上来讲，爆品思维从来都不是要打造出一款爆品，那种从一开始就想生产出一款火爆产品的想法，其实是错的。

爆品思维，是一套能够产生大量爆品的体系和方法，是用一套全新的思维方式去重新定位自己的产品、经营模式，并完善自己的体系。就像我们都看到了苹果依靠一款手机占据了智能手机90%以上的利润，但我们要学习的不是去模仿跟风打造相似的产品，而是要学习苹果手机背后的乔布斯精神。

大量的实际案例告诉我们，模仿和跟风从来不会赢得市场，我们需要的是改变固有的思维方式，树立爆品思维。这个过程并不容易，但也是必须夯实的根基。只有纠正了自己的思维方式，把打造爆品视为一个体系性的过程，才能够掌握真正的爆品需要的经营理念。

在这个过程中，我们主要的任务就是重新建立四个方面的认知：

爆品不是普通产品，是力争成为细分领域的佼佼者

爆品和普通的产品不一样，它是颠覆了原有同类产品的认知的产品。如果大家认识到了这一点，就不会再盲目跟风，去和行业内的"第一"较量，这是以卵击石。

正确的做法是，想进入市场时，先看看市场的领先者，不要去模仿它们的优势，而是要找到它们的弱势，从而开辟另一个细分领域。你要的不是模仿和跟随，而是在一片红海中发现蓝海，成为细分领域的佼佼者。

爆品中被注入大量的情感因素，目的是赢得用户

爆品和普通产品的最大区别是辐射的范围很广，这种产品一经推出，就会迅速引起消费者的关注，形成集体围观的现象，不但能够为店铺引流，还能扩大公司在某个产品上的整体影响力，继而实现销售业绩的可持续增长。

换而言之，爆品的目的是赢得用户。认清了这一点，就不会再死盯着市场占有率和销量，而是会关注如何潜入用户的内心，给产品注入大量的情感因素，真正地打动消费者。

举例来说，互联网科技带来的多屏时代，多数年轻人都是上班不离电脑，下班不离手机。相关调查显示，一个中国网民，平均每 6 秒钟就要按一次手机。每天长时间面对屏幕的结果就是，眼睛疲劳干涩，黑眼圈加深，双眼的疲惫和老化不仅拉低了颜值，还影响了健康。所以，简单好用的眼部护理，就成了客户巨大的需求点。

就在这个时候，有一款产品出现了，它就是蒸汽热敷眼罩。这款眼罩的好处在于，既能解决眼霜无法缓解的眼部疲劳问题，润泽眼部肌肤，保护视力，淡化皱纹黑眼圈，补充水分，且简单方便，随时随地都可以享受眼部 SPA。

蒸汽眼罩和面膜一样，都是高频次产品，一盒 10 片，每天一片，一周左右就会用完。眼部护理是多屏幕时代人人都需要的护眼刚需品。戴上眼罩后，用户很快就能感受到眼罩发热，效果感知非常明显，能让用户快速对产品产生认同。

爆品强调生命力，要能够经受时代和趋势的考验

产品是有生命周期的，也可以将其称为生命力，需要经受时代和趋势的考验。今天打造出来的爆品，明天是否依然能够堪称爆品？这是一个值得深思的问题。很多时候，爆品并不是赢在产品本身，而是赢在产品之外。

大家都知道乐高玩具，如果你只看到乐高公司在生产塑料拼插方块，那就说明你并没有理解乐高的经营核心，它卖的不是塑料拼插方块，而是在销售整个游戏系统。用户购买了乐高玩具，得到的、享受的是无限多的组合可能。

爆品要重新认识流程，提升产品运营的能力

我们强调的爆品思维，并不是要让大家在短期内打造出一款火爆的产品，而是希望大家能保持清醒，对打造爆品的流程有一个全新的认识。你要思考，如何提升产品运营的能力，如何控制好成本，如何形成良性的循环，这才是重中之重。

对企业来说，要突破传统的困局，需要重新制定战略，告别过去的"低流量、高价格、高利润"的模式，建立爆品思维，结合互联网的参与方式，获取大量的客户群体，与客户增强关系。在建立爆品思维的过程中，当务之急不是追求爆品，而是要对爆品有一个正确的认知。只有这样，才能在日后面对一些爆品时保持理性，不盲目地追捧流行。

Chapter 6

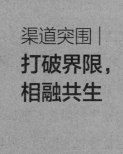

渠道突围 |
打破界限，
相融共生

"商业的本质是交易，而交易
的前提是连接，不论是线上还是线
下，首先要连接。"

01 / 零售的本质：成本、效率、体验

2017 年，京东集团在其发表的《第四次零售革命》中指出：

"从零售历史来看，今天所面临的变革和过去相比并没有什么特别。对零售业来说，变革常在、创新常在。在下一个十年到二十年，零售业将迎来第四次零售革命。新技术正在给各行各业带来巨大冲击，也把零售业推到了风口浪尖。今天市场上会不断地出现和零售有关的新名字、新标签、新概念、新模式。一个明确的共识是：零售业正处在变革的前夜。一场暴风雨过后，整个行业会焕然一新：带来一些新的机会，同时也颠覆一些旧的模式。"

那么，零售业的未来会走向哪里呢？

京东也分享了对零售业未来的思考："下一个十年到二十年，零售业将迎来第四次零售革命。这场革命改变的不是零售，而是零售的基础设施。零售的基础设施将变得极具可塑化、智能化、协同化，推动无界零售时代的到来，实现成本、效率、体验的升级。"

在京东看来，零售不存在新与旧之说，因为它的本质一直都没有改变，从来都是以成本、效率和体验为核心。在此，我们不妨简单回顾一下零售业的历史，以便更直观地看出这一点。

第一次零售革命：百货商店出现

1852 年，世界上第一家百货商店出现，那种前面是店、后面是厂的小作坊运作模式被彻底打破。这一次零售革命使得大批量生产变为现实，商品的价格开始降低，商品得以展示，购物变成了一种娱乐和享受。

第二次零售革命：连锁商店出现

1859 年后，连锁商店形式逐渐走向高潮。连锁店有统一化的管理，以及规模化的运作，大大地提高了门店的运营效率，同时降低了成本，也让购物变得更加便捷。

第三次零售革命：超级市场出现

1930 年，超级市场逐渐成形，它开创了开架销售、自我服务的模式，将现代化 IT 系统引入其中，提升了商品的流通速度和周转效率，也给顾客带来了全新的体验。

第四次零售革命：电子商务出现

20 世纪 90 年代，电子商务开始普及，购物变得更便捷，可以不受空间限制，商品选择范围扩大，选择多样化。分销体系的颠覆，更是让商品的价格变得更低。

从百货商店到连锁商店、超级市场，再到电子商务，我们不难看出，零售一直围绕着成本、效率和体验，从来都不曾变过。每一次零售革命，只是在某一方面有所创新，那些经得起时间考验的变化，就是在成本、效率和体验上的同步升级。无论零售业态怎么变，它的本质都不会改变，都不会脱离上述三大要素，过去、现在、将来都如此。

既然零售的本质不会变，那到底是什么在变呢？京东给出了答案：零售的基础设施一直在升级换代，不断改变成本、效率、体验的价值创造与价值获取方式。简单来说，就是在零售系统的进化过程中，信息、商品和资金服务的提供呈现了社会化、专业化的趋势，像过去那样"后面是工厂，前面是店铺"的小作坊模式，是不存在公共和基础设施的。商业的发展使得信息、商品、资金开始向外部流动，由第三方来提供专业化的服务。

所以，未来的零售在业态方面可能会出现多种新形式，但背后的基础设施会越来越社会化、专业化，这种变化并不是消灭现有的零售业态，而是与现有业态融合发展，逐渐演变成为互联、共享的生态，不仅会影响消费领域，还会给流通领域，乃至整个供应链，都带来颠覆式的变化。

02 / 新零售时代会掀起什么样的变革

近些年，随着电商的倒闭潮和实体店的闭店潮，不少企业都开始思考：零售该何去何从？有人将这个阶段称之为"第三次零售革命"，也有人将其称为"后电商时代"，而马云则用"新零售"来命名。那么，为何中国零售会进入这样的一个阶段呢？新零售时代到底是怎么产生的呢？究其原因，主要有三个方面。

消费者的诉求日益提高

我们都感觉到了，消费者的口味变得越来越刁钻，越来越挑剔，消费升级到了一个真正需要落地的时刻。网购的东西比实体店便宜，且购买便捷，但缺点是产品质量得不到保障，购买时没办法切实地去感受商品的质地、工艺。为此，精明的消费者开始把线上和线下结合起来，在线下看好实物，再到网上去买。在这样的情况下，唯一能够刺激消费者的就是做好落地，提升消费体验。

实体零售业陷入低潮期

实体店纷纷闭店止损，进入升级改造的关键期，大量百货公司开始收缩实体店面。过去经营成本提高，可以通过提价转嫁给消费者，可这种方式在互联网时代行不通，因为商品价格近乎透明，消费者不买账。为此，线下实体店只能闭店进行升级。通过互联网技术和线下的结合，让消费者可以在实体店体验产品，在线上下单。消费者通过这种方式，用最少的力气，享受最好的购物体验。

互联网红利阶段已近尾声

据商务部统计，自 2010 年以来，网上零售额开始呈现逐年下降的趋势。电商行业的增速放缓，电商企业线上红利降低，收入遭遇瓶颈，获客成本也开始增加。要实现新的利润增长点，就要线上线下相融合。移动互联网发展出现窗口期，接下来的大方向就是深入产业，以产业的发展为主，互联网的改造为辅。

鉴于上述三方面的主要因素，新零售诞生了。可以说，它是基于对消费者未来生活方式变革的适应，包括内容、体验与感知。换而言之，从选址布局、业态组合到商业模式、经营方式，都要随之进行调整，只有这样才能贴近消费者，获得持续发展的空间。

新零售时代的到来，必然会带来巨大的变革，这些变革主要体现在以下几方面。

零售场所生活化

商业渠道逐渐靠近消费者的生活，原来的商业中心会逐渐转化为高端生活化的场所，比如旅游、艺术、商务等。

渠道业态生活化

生活类的新兴业态会不断涌现，传统的零售业态将朝着生活化的场景转化。出色的新型零售，不但会创造生活方式，还可以发挥引导生活的作用。

服务方式生活化

过去的那些传统百货和传统超市，在经营方式上都是基于自身商业利益设计的，客观上是为了消费者的生活，主观上却是以自我为中心。未来的商业服务，将会摒弃这样的做法，变得更加注重生活场景和体验。

价值来源生活化

消费者在未来生活的服务中，将会获得更多的价值。原有的价值，主要是来自商业场所的硬件本身，比如建筑物的商业设计和风格、商业布局和组合、物业管理及服务等。

商业模式生活化

实体商业的开办者变成经营者，在这个过程中学习自主经营、自有品牌和自建渠道，这是一个基本的趋势。传统的经营模式是无法适应新零售时代的，也没办法抢占消费者的心智，更不可能获得消费者的青睐与追随。

虽然零售业在不断地变革，但无论怎样变，其本质都需要通过实体店来体现。在这方面，实体零售业有符合新零售基本要素的优势，如生活场景。正因为此，我们可以说，

新零售对于传统的实体零售商来说，既是挑战，也是机遇。

03 / 未来没有线上线下，只有全渠道

零售业从诞生到现在，在渠道演变的过程中，大致经历了四个时代。

实体店时代

这个时代销售渠道是单一的，通常都是以砖房门店为主，商场、超市、百货公司都是采用坐店的经营模式。但随着商铺租金价格的上涨、人力成本的提高，这些实体店在利润方面就变得越来越少，甚至连生存都变得无比艰难。

电子商务时代

互联网的兴起，催生了电子商务、虚拟网络店铺，亚马逊、淘宝网、京东等电商平台都是典型代表。这些虚拟网络店铺的特点是，利用互联网技术创造了一种零售模式，把传统的零售业态搬到了网上，淘宝网的 C2C 模式就像是过去集贸市场的网络化，

而天猫商城的 B2C 模式就是传统百货公司的网络化。

多渠道时代

多渠道，顾名思义就是零售商通过多种渠道开展经营活动，如苏宁、国美从过去单一的坐店经营模式转向多渠道结合，借助实体店、网上商城、移动手机、微信、微博、短视频等多个平台，多方位开展营销活动。后来，因多渠道无法解决不同渠道之间的融合、衔接问题，又在多渠道的基础上，升级出了跨渠道营销。

全渠道时代

在多媒体时代，用户可以通过各种社交媒体自由地选择购物终端，在营销方面占据了主导地位。站在用户的角度，全渠道就是消费者可以在 A 渠道选择商品，在 B 渠道触摸、感受、比较商品，在 C 渠道下单购买。

从零售商的角度来说，全渠道就是以多渠道为基础，让所有渠道进一步融合，前台系统、后台系统实现一体化，为消费者带来一种永远联动的、无缝化的购物体验，让各渠道实现同步化、一体化、和谐化。各个渠道互通，客流、资金流、物流、信息流、店流可以在各个渠道间自由流通，与社交媒体相结合，让消费者实现无缝化的购物体验。

看得出来，全渠道时代有三个显著的特征，即：全程、全面、全线。

全程，即消费者从接触到一个品牌，到最后购买的整个全过程，包含了几个重要的环节：搜索、比较、下单、体验，我们必须要在这些关键的节点保持与消费者的全程、零距离接触。

全面，即商家对消费者的购物全过程的数据可进行跟踪与积累，在此过程中与消费者互动，掌握消费者在购买过程中的决策变化，给消费者提供个性化建议，提升购物体验。

全线，即渠道的发展走过了单渠道、多渠道的发展阶段，至今抵达了全渠道覆盖的阶段，包含了实体渠道、电子商务渠道、移动商务渠道的"线上 + 线下"的深度融合。

未来是全渠道营销的时代，全渠道对企业而言，价值不可忽视。

全渠道的消费者已经崛起

消费者的生活主张与购物方式，已经跟过去大不相同，他们希望能够为自己的消费做主，都更希望在任何时间、任何地点，通过任何方式，都可以快速购买到自己想要的产品。

消费者已成为终端的"王"

零售企业的定位、渠道建设、服务流程和物流配送等，都要以消费者的需求和习惯为基础，也就是我们前面讲过的"以用户为中心"。就拿渠道建设来说，我们的零售企业必须要从实体渠道升级为全渠道，相应的流程建设、团队建设也要适应全渠道系统。

全渠道打破了时间限制

渠道的整合可以为企业带来全新的销路，还能对企业的资源进行优化，让原有的渠道资源不必再进行投入。比如，通过线上、线下会员一体化管理，会员的同一个ID可以在所有的渠道内通行，享受相关的服务。

对零售企业而言，全渠道的精细化运营十分重要，尽管不少企业尚未完全做到，但至少要朝着这个方向去努力，顺势而为，胜出的几率会更大。

04 / 三只松鼠的"天上电商＋地下投食"

提到三只松鼠，大家肯定不陌生，这是 2012 年创立的一个电商品牌。上线 7 天就完成 1000 单的销售，从第 1 单到日销1000 单，它只用了 63 天时间，创造了电商发展速度的奇迹。到了 2013 年 1 月底，三只松鼠月销售额突破 2200 万元，成为全网第一；当年年底，全网年销售额突破 3 亿元……这些数据都是三只松鼠一路走来的荣耀。

三只松鼠之所以发展迅猛，大受欢迎，有几方面的原因：其一，在品牌创立之初就拿到了 150 万美元的投资，其中大部分都用在了营销推广上，大大提高了三只松鼠的曝光率；其二，三只松鼠的客服很有新意，它以松鼠的口吻向客户称呼"主人"，让消费者获得了满足感，同时强化了三只松鼠的形象；其三，售后服务很好，不满意可以无条件退货，哪怕食品已经拆封；其四，三只松鼠的质量有保证，自建检测基地，一年检测数量高达 40 次；其五，三只松鼠的 IP 形象做得很好，与品牌名称挂钩。

基于上述这些原因，三只松鼠在用户心中留下了良好的口碑。2016 年，三只松鼠喊出"三年开店 1000 家"的口号，开始大力在线下进行布局。2016年9月30日，第一家"三只松鼠投食店"的线下实体店在芜湖开业，第一个月的销售额就达到了240万元。随后，三只松鼠开始了线下实体店的铺设，到2018年年底，"三只松鼠投食店"的数量已近50家。

为什么三只松鼠把给自己的店铺起名为"投食店"呢？

实际上，"投食"是一种古语，指相爱的两人互相喂食。当然了，这个喂食的对象不仅仅限于夫妻情侣，也包括子女、长辈等，三只松鼠这样命名就是为了传递出自己的品牌使命：为主人带来爱与快乐。

近些年来，电商对线下实体店产生了很大冲击，但从"三只松鼠投食店"的发展情况来看，线下店铺依然有不错的发展空间和前景。以芜湖开设的第一家"三只松鼠投食店"来说，在开业一年的时间里，销售额就超过了1200万，年进店人数超过300万，店铺的月坪效超过8000元每平方米。同样都是实体店，三只松鼠为何能做得如此出色？

我亲自观察过"三只松鼠投食店"，它的店面面积基本上都在300平米左右，规模不小。在装修风格上，运用了树木和一些小动物，把整个店铺打造得像森林，从而突显三只松鼠的虚拟品牌形象。不过，这么大的店面，并不是全部用来卖零食的，其中有1/3的面积是来陈列和展示商品的，另外的2/3，有一半是为消费者提供奶茶和轻食，另一半则放置周边产品，让消费者在店内进行互动。

"三只松鼠投食店"的商品价签，也跟传统的价签不太一样，它全部都是电子价格签。当线上的价格出现变动时，线下门店在

1分钟之内就可以把价格调整过来。这样一来，不但实现了线上、线下同款同价，节省了改动价钱的时间，提高了店铺的运营管理效率，还节省了价签纸资源。

很多人认为，线上、线下的打通就是O2O模式，但三只松鼠的创始人章燎原却不这样认为，他说："O2O的核心在于线上与线下如何互动起来，过去的O2O强调功能性，即线上下单，线下配送或提货，这是物流形成的O2O。三只松鼠的O2O是基于品牌的O2O，当品牌在线上产生销售功能以后，品牌在线下的存在使命就是展示和体验。我们对线上、线下的理解非常清晰，销售功能由线上解决，线下就是体验功能，如果哪个品牌还到线下去卖东西，我认为是退步。"

对于三只松鼠在线下开设"投食店"的选择，起初有些人是心存疑惑的，毕竟三只松鼠是一个非常成功的线上品牌，何必费力在线下拓展"投食店"呢？实际上，我们通过三只松鼠创始人章燎原上面的这番话，已经能看出它的用意所在了。

线下店注重体验，可以增加转化率，并起到向线上引流的作用。电商的快速发展，让市场愈发成熟，当线上获客遇到瓶颈时，通过线下实体店再度引流，就是一个不错的选择。

未来的零售趋势，就是通过技术和大数据打通并整合线上线下，线下会成为新零售的一个重要环节，虽然消费者在线下买东西的习惯和线上不一样，但购物却可以跟线上一样方便。另外，现在的一二线大城市市场已经趋于饱和，可三四线城市还是一片蓝海。因此，线下店就成了三四线城市渠道下沉的重要链接点。

　　走到今天，三只松鼠已经不再是一个"淘品牌"，它从线上发展起来，逐渐又走向线下，品牌的形象也变得更加丰富和立体，它的品牌 IP 也把触角伸向了更多的领域。就像三只松鼠 CEO 章燎原所说的那样：消费者在哪儿，三只松鼠就在哪儿！

05 / 全渠道布局离不开数字化的驱动

　　无论消费环境如何变化，有一个认知和趋势是有目共睹的，那就是数字化问题。所有零售企业的使命只有一个，就是为消费者服务。当消费者被数字化以后，企业若是跟不上形势，没有实现数字化运营，就可能惨遭市场淘汰。

　　特别是对传统的零售企业来说，庞大的终端要怎样实现有效运营，提升门店的经营效率呢？数字化运营，就是一个必不可少的利器。今天，大数据、AI深刻地改变着整个零售产业的上下游，从采购、销售到决策，再到供应链、用户管理，几乎每个环节都离不开数字化。

　　最早关于数字化的故事，发生在美国第二大超市塔吉特百货（Target）。那时，孕妇是零售商的重要消费群体，但她们平时都喜欢去孕妇专卖店购买孕期用品。提到Target，消费者想到的都是一些清洁用品、袜子、手纸等日常生活用品。事实上，那里面也销售孕妇所需要的一切物品。

　　为此，Target的消费者数据分析部建立了一个模型，在孕妇第二个妊娠期就能够把她们确认出来。美国的出生记录都是公开的，孩子出生后，新生儿母亲就会被各种产品优惠广告包围，所以想抓住用户，就得赶在孕妇第二个妊娠期采取行动。Target 比其他零售商早一步知道哪位消费者怀孕，市场营销部门提前给这些消费者发出量身定制的孕妇优惠广告，提早圈定消费者资源。

为了准确判断到底哪位消费者怀孕，Target 还特意制定了一份"迎婴聚会登记表"，对登记表里的数据进行建模分析，从而发现诸多有用的数据模型。如：许多孕妇在第二个妊娠期开始就会买许多大包装的无香味护手霜，在怀孕的最初 20 周内会大量购买善存片类的保健品。了解这些信息后，Target 挑选出 25 种典型商品消费数据，构建了"怀孕预测指数"，并借此在很小的误差范围内预测到消费者的怀孕情况，这样就能很早地把孕妇优惠广告发给消费者。

为了不侵犯消费者的个人隐私，Target 通常把孕妇用品的优惠广告夹在其他和怀孕不相关的商品优惠广告中。根据这个大数据模型，Target 制定了全新的广告营销方案，使得 Target 的孕期用品销量呈现了爆炸式的增长。

我们国内也有做得比较好的企业，如良品铺子。2006 年 8 月底，良品铺子的第一家门店在湖北省武汉市武汉广场开业。历经十几年的发展，良品铺子已成为国内有名的休闲零食品牌。《中国糖果》杂志发布的 2017 年全球 100 强糖果公司排名中，良品铺子以 60 亿人民币的销售额名列全球第 26 名。

良品铺子采取的是全渠道模式，线上线下同时运营，它在线下有 2000 多家的实体店，在线上有 37 个渠道，在天猫、京东、美团外卖、饿了么、百度外卖等知名平台，都有它的身影，且良品铺子还有自己的 App、微信、QQ 空间等。可以说，这种全渠道的运营模式，是良品铺子最大的优势。顾客在线上下单，可以在附近店铺取货；在网上拿到红包，可以到线下店铺兑现，既提升了效率，也提升了消费体验。

良品铺子让消费者在购物的过程中享受到了便捷、高效和优质的服务，而这样的结果离不开数字化运营的支撑。在实行数字化转型时，良品铺子从两个方面入手：对内改变管理者的思维，调整组织架构；对外与 IBM、SAP、华为等展开合作，最终依托数字化运营，以零食为载体，成为流量分发的重要渠道。

信息化和数据驱动，赋予了良品铺子全渠道模式的"通"和"同"。所谓通，就是消费者在不同的平台上，其身份、权益、会员等级、爱好、订单等都是相通的；所谓同，即消费者在各个渠道享受到的产品和服务体验都是相同的、无差别的。随着数字化运营的不断深入，良品铺子还对全渠道提出了"新四化"运动，即：门店互联网化、公司所有业务电商化、社群化、本地社区化。

企业想要获得长远发展，一定要重视数字化的力量，特别是大数据，要把收集消费者数据作为企业运营的第一目标。同时，还要对内部员工进行培训，建立一套收集数据的软硬件机制；以业务需求为准则，明确要收集的数据。最后，在已有数据的基础上，实现前三个目标的基础建设方案。

06 / 做好供应链管理，优化物流服务

全渠道模式并没有改变零售的本质，它是推动了成本、效率和体验的升级。

2016年7月，UPS中国华南区快递业务总经理杨青，在"灵活物流制胜全球——零售和消费品行业供应链管理沙龙"上，指出了当前中小企业供应链管理的重要性，他说："好的供应链管理，能够有效帮助零售业降低成本，提升效率，从而助其更快地抢占先机。"

的确如此，供应链管理是企业之间的竞争利器，企业要以链条的思维去看待自己的生意，要跟上下游供应商实现共赢。打个比方，如果零售商没有足够的资金来采购，就要帮他加快周转，把货物寄到零售商所在的地方，同时让自己的物流合作伙伴为他提供多渠道补货的方案。倘若有线上渠道，可以为他提供减轻库存压力的方案，如代发货等。只有重塑上下游供应商的连接方式，企业才有可能成为他人无法取代的合作伙伴。

怎样帮助企业实现供应链呢？其中最为关键的因素是——物流。

优质的物流服务能力，可以帮助企业缩减成本，如果物流企业有好的供应链，也可以减少仓储费用，避免不必要的延误；同时，帮助企业增加销售额，通过帮助企业加快支付速度而改善现金流；协助企业提升消费者满意度，简化退货流程，提高订单交付的质量。总之，物流可以助企业在新的竞争趋势下抢占先机。

有一家专注于手表设计和生产销售的企业，六成的业务都来自 B2B 外贸出口，主要面向欧美等国家，它因快速的反应能力备受海外买家的青睐。有一次，在开拓新兴市场的过程中，一位巴西的消费者让这家企业体会到了"最后一公里"物流的重要性。

企业的设计制造能力很出色，所有产品生产都是按照消费者的规定时间完成的，但没想到，最后却因为物流延时而降低了消费者的满意度。这就意味着，前期所有的努力都白费了。这个时候，企业才明白，原来物流对客户体验是如此重要，而时效性和安全性恰恰是物流的核心价值所在，只有具备上述两点，才能真正提升消费者的满意度。

随着消费升级趋势的不断加强，消费者对物流也有更高的要求。过去，消费者的信息来源渠道单一，对电商物流的需求仅停留在"准点送达"和"快速送达"上，可随着个性化需求不断增加，每个消费者都需要制定一种配送方案。在这方面，已拥有全国配送网络的京东，提出了比较从容的解决方案，给广大企业提供了参考借鉴。

- 启用智慧物流中心：2017 年的"双 11"期间，京东在全国运输枢纽中启用了 13 个"亚洲一号"智慧物流中心，其中首次曝光的全球首个全流程无人仓很是震撼，仓内实现

了自动化，智能化设备覆盖率为 100%，极大地提升了订
单的处理能力。

- 开通无人机配送航线：京东开通了数十条无人机配送航
  线，甚至无人轻型配送火车也在指定路段进行了路试。
- 投入智能保温箱：京东投入使用了 20 万个智能保温箱，在
  全国搭建起首个建立 "0 断链，0 腐损" 行业标准的平台，
  大大地满足了生鲜爱好者的需要。

在 2017 年的 "双 11" 大战中，农村消费者最快 3 小时就可
以收到货物，为京东的渠道下沉带来极大的优势。另外，京东还
采取了大数据统筹、与沃尔玛实现 "库存共通"、建立入仓绿色
通道等前所未有的措施。

2017 年 "双 11"，京东物流可谓是颠覆了物流圈，更是引起
了行业标准的变革，有效地提高了消费者满意度。我们有理由相
信，未来不仅是京东，还会有更多的企业，会在更快、更好地提
升消费体验方面，为消费者创造惊喜。

企业该怎样设计并实施全渠道营销?

今天的消费者已经处于全渠道的生活状态中，他们进行全渠道地搜寻、选择、购买、消费、反馈。如果你认可并遵循以用户为核心的理念，那么进行全渠道营销势在必行。但问题是，该怎样进行全渠道营销呢？这对于很多企业领导者而言，是一个摆在眼前的难题，他们也在努力探索和实践，只是路径依然模糊。在这里，结合自身的工作经验以及近年来与企业客户共同成长的经历，我想跟大家分享一些心得。

树立全渠道营销思维

思想决定行为，想开展全渠道营销模式，先得树立全渠道营销思维。

在营销决策的过程中，要着眼于线上和线下所有的渠道类型，不能漏掉任何一种渠道类型，否则，就可能漏掉你的用户，继而漏掉销售额与利润额。不要把营销仅仅视为销售，更不能把全渠道仅仅视为全部的销售渠道，而是要有大营销的决策视野：把企业的全部生产、销售活动，与全渠道用户行为——对应起来，如：用户全渠道地搜寻信息，企业就要全渠道地提供信息；用户全渠道下订单，企业就要全渠道接受订单；用户全渠道收款、收货，企业就要全渠道收款、送货。

与此同时，企业还要想到多种渠道形式的交叉与融合：一方面要实现线上、线下的融合，打破"线上属于电商，线下属于实体零售商"的意识，无论线上线下，谁选择就是谁的，谁放弃就不是谁的；另一方面还要实现不同渠道之间的融合，过去用户的所有购物过程通常在一个渠道完成，而今天却可以通过多种渠道方式完成一次购物过程，企业的决策也要跟这种情景相匹配，跟上用户的需求变化。

设计全渠道营销模式

全渠道营销不是指每一家企业或企业的每一类产品都采用全渠道类型，而是指在备选栏里列出全部渠道，然后根据企业、市场、竞争对手与产品情况选择适合的部分渠道类型，对其进行组合或整合。

根据实践情况来看，全渠道营销模式种类繁多，多数都涉及线上、线下渠道的交叉与融合，也都涉及企业的信息提供、商品展示体验、接受订单、收款、送货、售后服务与反馈等环节，甚至不同类型的商品和服务也采取了不同的模式，并不是每一个环节都是多渠道或全渠道，这是企业要明晰的一个重要问题。

以王府井百货来说，它从2006年开始尝试电子商务，探索试验了几年后，他们发现，实体百货商店独立做电商没有优势，不能效仿天猫和京东，而是要把线上作为公司的一个服务平台，一个为用户服务的体系，而不是以销售额为目的，是要通过服务带动销售的增长。于是，王府井百货在2011年成立了独立的电商公司，它没有定位于新的销售渠道，而是借助它搭建一个王府井网上服务体系，将其称为全渠道服务体系。

　　王府井百货未来的目标是，在全渠道体系下，顾客购买过程的所有服务，都努力融进所有渠道，哪里有王府井的顾客，哪里就有王府井的渠道，顾客可以在王府井全渠道体系中任意地分配自己购买行为的每一个环节，比如，网上搜寻信息，实体店体验实物，通过手机下单付款，等待快递送货。王府井百货将其称为"同一个顾客，同一个王府井"，而这才是全渠道营销的真正意义。

　　全渠道的营销过程，决定着企业全渠道营销的具体方式，同时也影响着全渠道营销的效果。那么，企业要实施全渠道营销管理，就其管理过程而言，涉及四方面的内容：确定营销总目标、进行营销分析、制定营销计划、实施营销计划。

　　Rose only在全渠道营销管理方面，做得非常成功。

　　Rose only的目标用户是城市白领，满足他们用玫瑰花表达爱的诉求，因此其营销定位就是一个字：爱。有意思的是，当它的粉丝达到40万时，数据显示有80%是女性，但购买群体中却有70%-80%都是男性。目标用户在购买玫瑰花时，会全渠道地搜寻信息，选择最好的玫瑰花，全渠道地完成购买过程。有关消费过程，也会全渠道地进行分享，如发微信、发微博、口碑传播等。

　　为了表达高贵浪漫的爱情定位点，Rose only 选择了世界上最好的玫瑰花——厄瓜多尔玫瑰，且种植在皇家玫瑰种植园里，可谓是精心挑选。玫瑰花的包装也很精致，花盒上有提手，信息通过网站、网店、名人微博、微信等全渠道进行传播，诉求的主题是"一生送花只给一个人"，公司不会负责给第二个人送花，哪怕顾客移情别恋了。

　　公司采取的是高价格策略，表达爱意的玫瑰平均零售价是1000 元，用户可以根据需求在实体店或网上定制。在收货方面，可以到店自取，也可以送花上门，且送花者都是帅气的男生。最后，Rose only 也是通过全渠道与用户进行沟通、搜集评论、解决问题等。

　　时代的脚步催促着企业进行全渠道营销管理，这是大势所趋。然而，企业领导者也不要忘记，营销与管理是企业的两条腿，全渠道的营销离不开有效的管理，要稳扎稳打地实施全渠道营销管理，任何时候都不要心存侥幸，抱有投机心理。毕竟，成也风口，败也风口。

Chapter 7

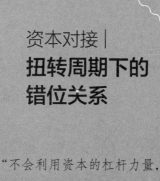

资本对接|
**扭转周期下的
错位关系**

"不会利用资本的杠杆力量,
找不到支点,很难实现财富的快速
增长。"

01 / 资本为企业跨越周期赋能

这些年的工作经历中，我结识了不少白手起家的实干企业家，他们没有接受过高等教育，没读过商科，当年创业全是凭借一腔热血和胆魄。如今，十几年过去，企业算是有了点规模，但似乎也到了瓶颈期，想突破一下，实现二次增长，极其困难。

我对这些实干家十分钦佩，也希望每一位走进中旭的客户，都能于此获得实质性的收获。尽管每个企业面临的处境不同，但我留意到一个共同的问题，就是这些企业家忽略了资本在企业发展中的作用，甚至对资本秉持排斥的态度。

之前，在战略合作伙伴那边，听闻这样一件事：一位老板说，这些年他拒绝各种资本的介入，企业没有亏损和外债，但发展十分缓慢。可让他心里不甘的是，竞争对手借助资本一跃成为行业中坚，前后只用了四五年的时间。这样的速度和变化令他惊讶，同时也产生了危机感，倘若再这样下去，自己的企业很可能会被那些对手吞掉。

要问这位私企老板，为什么抗拒资本？他回答得很实在，自己是一个农民企业家，不太懂资本运作，这些年经常有人说要给他的企业投资，还承诺帮他的企业上市。说不心动是假，但他心里也有担忧，害怕企业上市后不再属于自己，这感觉无异于把自己辛苦养大的孩子卖掉，内心难以割舍。

当这位老板被问及"做企业的目的是什么"时，他想了想说，要把企业做强做大。他还说，那些做投资的人告诉他，如果企业上市了，比他干十几年获得的资产还要多。

的确如此，在今天这个时代，企业的发展腾飞离不开强大的左膀右臂，我们也可以将其称之为一对翅膀，那就是"互联网+"和"资本"。毫不夸张地说，我们的企业已经进入了资本推动快速发展的时代。放眼望去，无论是阿里、京东、小米，都是在资本的推动下实现了跳跃性的发展。

那么，到底什么是资本呢？借此，我们也简单介绍一下。所谓资本运作，就是利用资本市场，以小变大，以无生有，通过资源整合、买卖企业和资产而赚钱的经营活动。在这个竞争激烈的时代，企业想要快速实现财富梦想，必须懂得资本运作。传统的企业或公司，大都是做产品经营，围绕产品和服务进行生产管理、产品改进、市场开发等一系列活动。可当企业发展到一定规模后，就要涉及资本运作，只是程度大小不同而已。

在经过一番详谈后，那位私营企业家恍悟，原来自己真的应该多了解一些和资本有关的内容。战略伙伴方的负责人建议这位企业家多参加一些相关的课程培训，多学习、多了解，再重新考虑企业是否接受投资人一事。之所以强调深入学习，是因为在实际的运作中，资本就是一把双刃剑，用好了财富倍增，用坏了满盘皆输。

资本的本质是什么？以钱生钱。只要有适当的利润，资本就会胆大起来。如果有 10% 的利润，它就得到保证到处被使用；如果有 20% 的利润，它就能够活跃起来；如果有 50% 的利润，它就会铤而走险……如果没有任何利润，资本就会立刻翻脸，置企业于死地。

企业能够融到钱自然是好事，可以协助企业更好地生存发展，转型升级，跨越周期。然而，资本的力量再强大，也无法让一个不合格的企业上市。企业如果本身没有正向发展的核心业务，没有盈利模式，就算有再多的资本，最终的结局也一样会破产。因为，它从资本市场中获得的钱，超过了其自身价值。一个没有价值的企业，可能会依靠着短期的炒作迷惑一些投资者，在短期内引来资金，但如果长时间地只是烧钱而不赚钱，定会被资本市场抛弃。

总而言之，资本市场有美好的一面，也有残酷的一面。之所以把资本这部分单独拿出来讲，也是希望帮助更多的企业领导者，全面地、理性地看待资本。在后面的内容中，我会借助一些经典的企业案例，让大家更直观地认识资本，以及资本与实业的关系。当然，更重要的是，让企业经营者认识到，在使用资本市场的钱时，要努力让自己不断升值。只有这样，才能真正让资本为企业赋能，从而让企业在市场中从容立足。

02 / 扭转资本与实业的错位关系

我们知道，不管在哪个国家、哪种规则之下，实业都是价值创造的中坚力量，也是社会财富的基石。实业与资本的关系，是经济发展中的一个永恒话题，对接得好就是一种共生共赢的关系。做实业需要资本的不断投入，无论是技术还是规模，都离不开金融。打个比方，企业在发展到最高峰的时候，通过资本平台上市，无疑就获得了更大的发展。

然而，资本是双面的，一面是天使，一面是魔鬼。

现在的核心问题是，做实业变得愈来愈艰难，它正在逐渐被其他产业所取代。当下，很多人投机取巧，不是实实在在去做实业，而是编制一个酷炫又拉风的概念，然后再组装一个"团队"，千方百计地在市场套现，一次性把未来几十年的钱都"赚"回来了。

毫无疑问，这就是资本与实业的错位。

大量的企业，乃至年轻人，都跑去做基金，做投行，没有人愿意来做实业，觉得又苦又累又不赚钱。中国几千年的文化一直强调，勤劳可以致富，勤劳可以改变命运，而这也是我们创造出灿烂的物质财富的根基。

可是，自从引入了西方的金融体系以后，许多企业开始迷恋以小博大、概念炒作、低进高出的资本运作，不断地从实体经济中"吸血"，导致经济泡沫越吹越大。金融，变成了贫富差距不断拉大的根源，它制造出了世界上最大的不公平，悄然无息地把整个社会的财富聚集到很小的一部分人手中。2016 年的时候，宏观经济形势并不是很理想，但资本市场却像工厂一样，一波又一波地生产富豪。那一年中国上榜的富豪中，很多都来自资本市场。

资本不存在好坏之分，关键是如何去认识它、运用它，以及深谙实业与金融的关系。

创办实业离不开资本，在实业资本与金融资本高度融合的年代，靠资本运作来提升企业竞争力，是企业发展中的一个重要过程。金融业除了向实业贷款以外，还可以提供股权、资本金，这个大家都很清楚。金融业不可能独自生钱，它想要存活，就必须向实业贷款，收取利息，或者向实业提供股权、资本金，分享利润，甚至要和实业共同拟定中长期的发展计划，形成利益共同体。这才是实业与金融业良性互动、共同繁荣的路径。

现代化社会不能没有金融业，否则现代企业会可能变为闭关自守、自给自足，只能进行简单再生产的企业了。但无论金融业多么重要，实业与资本的关系不能颠倒。就实业实体来说，金融业始终是第三产业的一种行业，是一种服务业，它对实业存在巨大的反作用力。如果爆发了金融危机，不但会让货币价值如同废纸，还会导致大量的企业倒闭，造成严重的经济危机和社会危机。

　　说了这么多，无非就想澄清一点：金融业与实业的关系是密不可分的，是相互影响的，但头足的位置却是不能倒置的。实业，永远是支撑经济发展的"虎"，而资本是"翼"，当企业家智慧加上资本，才能实现如虎添翼的成功结合。

03 / 在资本神话中破灭的共享单车

提起共享单车，大家再熟悉不过，共享单车的诞生，解决了人们"最后一公里"出行的刚需。所以，共享单车一问世，就收获了人们的万千宠爱。然而，现在的情境又如何呢？在很多城市的角落里，上万辆共享单车混乱地堆放着，原本应该被呵护的小车，却变成了海量垃圾般的存在，着实令人心寒。这，到底是怎么了？

2015 年 9 月 7 日，ofo 共享单车从北京大学开始正式运营，上线仅 10 天，日订单量就攀升到 1000 多单。2016 年春节前，ofo 创始人接到一名投资人的电话，说想谈谈融资的事。这固然是个好消息，作为初创公司，整个 2015 年他们几乎都是在借钱中度过的，即便 2016 年情况有所好转，日订单量在春节前已达到 2 万单，但融资依然不顺利。

在那次谈话中，ofo 的创始人拿出了几个数据：按照当时的推算，1 辆自行车 1 元骑 1 次，一天平均 5 次的使用率收入 5 元，ofo 第一代自行车成本 300 元，除去押金，1 辆车使用 60 天就能收回成本……就这样，在 2016 年春节后，ofo 拿到了 1000 万元的投资。

就像我们熟知的那样，资本的涌入让竞争迅速变得疯狂起来。十几个月的时间，数十家投资机构把约60亿的资金都投入到共享单车市场，行业的前两名摩拜单车和ofo掌握其中的大多数，它们的估值都超过了10亿美元。

仿佛是在一夜之间，放眼望去，遍地都是花花绿绿的共享单车。它们给人们的生活带来了便捷，但同时也带来了新的问题，最突出的就是堵塞了住宅、小区、街道、地铁口，让人无从下脚。有时，大家着急找一辆车代步，连续扫了N辆车，结果全都是坏的，那种焦躁和愤怒令人抓狂。当然，这只是其中的一部分情景。

人们的抱怨声引发了社会各界的关注，政府也开始纷纷出台相关意见和政策，对共享单车进行限制，从限制投放单车数量，到加强用户资金监管，规范企业运营服务等。这一系列的监管措施，陆续提高了共享单车企业的开支成本，曾经让共享单车赖以生存的"押金＋按时收费"的模式，也开始迅速崩盘。

遗憾的是，当时深受资本宠爱的共享单车企业，尚未意识到危机已逼近，为了争夺骑行市场，共享单车企业开始陆续推出免押金、免费骑行等活动，尽管带给了用户不错的体验，但这种做法无异于自断双臂。这期间，共享单车要面对没有收入的现实，还要承担维修损坏单车和制造新车的成本。赤字一拉开，融资不足的共享单车企业就开始纷纷倒下，只剩下那些在煎熬中苦撑的共享单车巨头们，带着赤字等待融资的救赎。

2017年到2018年初，悟空单车、酷骑单车、小蓝单车相继倒闭，共享泡沫破灭了，在一年的时间里，有超过50家雷同模式的公司相继倒闭。行业第一的摩拜单车，在一场美团主导的收购中被暂时拯救，作为美团的负资产存在；位居第二的 ofo 就没那么幸运了，因为对市场规模、外部环境和自身能力判断失误，企业生命进入倒计时。

为什么前面我们一直强调，要以实业为本，金融为器？一个创业项目，首先得具备基础的变现能力，就算是烧钱攻城略地，也应当在快速扩张之前衡量到底有多大体量的资金能烧出多真实的壁垒。然而，共享单车却是一个吃钱的无底洞，从生到死都没有找到一个稳定持续运转的商业模式，更别说盈利模式了。依靠押金和预存费的模式，在政府管控和免押金风潮下崩盘，所谓收取广告费的模式也是杯水车薪，毕竟人们打开这个工具类软件的频率太低了；日常运营收入说是占据了收入的大头，却还达不到造一辆车的成本，再加上逐渐增多的损坏车辆，以及每月固定支出的人工成本，都拖长了收回成本的时间。

不具备基础的变现能力，离开资本"输血"就无法生存，这样的共享单车企业，失败已是注定的结局。毕竟，资本是很现实的，谁的钱也不是凭空而降的，看不到盈利的可能性，追逐利益的资本就会果断地抛弃共享单车。那些赔得血本无归的共享单车生产厂商，就变成了共享经济资本狂欢背后最大的受害者。

04 / 雷士照明风波：创投的双输之战

　　西方的资本运作，习惯把企业当成资产，分割、剥离、兼并、重组。创始人和职业经理人的角色定位很清楚，前者主要负责包括企业战略发展在内的重要决策，后者主要负责企业管理的执行。

　　在企业发展顺利的情况下，投资人通常只需要参与组建董事会来协助企业完成制定发展战略、挑选和更换管理层、策划追加投资等方面的事宜，很少会介入日常管理工作；只有当企业出现危机时，投资人才会较多地介入。在极端的情况下，投资人可能会撤换企业的 CEO，或是中止投资。

　　然而，中国的企业却更喜欢强调这是谁的公司，好像谁拥有公司，谁就拥有企业整个关系网中的个人权威。一直以来，创始人和投资人之间，因为立场不同、角度不同，在很多问题上秉持的观点都不一样。结果导致投资人与创始人之间，纷争不断。

　　有些投资人非常清楚自己的角色，他们只是创业过程中的支持性因素，但也有不少的投资人不这样看，他们参与那些根本无法提供增值服务的领域，给创始人和管理团队带来了大量的额外工作，缓慢的决策机制也拖延了公司的进展。

正因为此，在很多创始人看来，资本多数时候就是一个"唯利是图"的角色，甚至被视为"门口的野蛮人"，一心追求利益最大化，虎视眈眈，不怀好意，随时都可能冲进来把自己辛苦养大的"孩子"夺走，再把你一脚踹到门外。

所以，国内的情况就是，创始人与投资人之间的战斗，一直都在继续，从未停止。雷士照明就是一个值得研究和反思的例子，当年一度成为中国商界最热的话题。

阎焱，投资界的教父级人物，曾经投资了许多知名的企业，如盛大、神州数码、58 同城等。但，他除了这些成功的投资以外，他也有过闹心和后悔的投资，比如雷士照明。

2016 年 8 月 14 日，阎焱出于对吴长江的信任，投资 2200 万美元给雷士照明，占雷士股权比例的 35.71%。在投资项目时，阎焱更侧重于考察人，他认为人品是排在第一位的。换而言之，阎焱的投资是——投资人。然而，雷士照明的吴长江，最后却让投资人阎焱感到是自己"看走了眼"。

2012 年 5 月 15 日，雷士照明控股有限公司宣称，董事长兼 CEO 吴长江因个人原因辞职。当时的雷士第一大股东、投资方赛富投资基金首席合伙人阎焱，成为新任董事长，施耐德高管张开鹏接任 CEO。不久之后，吴长江向媒体称，他是"被逼离开"，显然这个矛头直接指向了阎焱。至此，雷士照明创始人与投资人之间的"战争"，拉开帷幕。

针对吴长江的说法，阎焱并不买账，他说这与事实完全不符，滑稽透顶。僵持了一段时间后，做小家电的德豪润达董事长王冬雷出现，打破了这种平衡。王冬雷入股雷士照明，协助吴长江重返雷士担任 CEO，之后王冬雷成为新任董事长，吴长江重返董事会，阎焱出局。

事情并没有就此结束，一波刚停，一波又起。之后，吴长江与王冬雷之间，又上演了新的"内斗"，吴长江再度被王冬雷赶出公司。王冬雷认为，吴长江从来不想按照上市公司规则出牌，不断扩大关联交易，一次次冲撞上市公司底线，董事会忍无可忍，只能让他退出。

吴长江再度被赶出雷士，据悉他内心愤懑，向媒体表示，他对投资人阎焱"痛恨不已"。作为投资人的阎焱，对于这段恩怨，也有自己的看法：投资雷士的时候，对吴长江的了解并不全面，不知他有嗜赌的习惯。除了这一点，在制度化经营上两人也存在严重分歧，吴长江对董事会决议、公司规则极为藐视，多次绕开董事会行事，违法公司规则，这让信奉现代企业制度的阎焱无法接受。

对于雷士照明来说，这个原本是国内领先照明品牌的企业，由于创始人与投资人的内斗，百亿市值缩水过半，高管团队也历经起伏动荡。可以说，在这场战争中，没有赢家。

05 / 创始人与投资人怎样避免盎盂相击

　　雷士照明的创投之战，像是一面镜子，照出了国内企业创始人与投资人之间的角色错位现状，同时也反映出了个人色彩浓郁、自我意识强烈的企业创始人的想法：企业就应该是创始人的，哪怕上市之后依然是创始人的。但我们都知道，如果放在美国，大家都清楚企业上市之后就是公众企业，不再是个人企业。这也提醒广大的企业创始人，面对企业的成长变化（此处指上市），要摒弃狭隘的观念，朝着成熟、自律的现代企业管理人转变。

　　另外一个问题就是，战略投资者的理念与创始人的理念是否相符，长期目标是否相符，这也是决定创投两者关系的一个关键。彼此在理念上一致，有足够的认同感，更利于双方的长久合作。马云和孙正义，尽管一中一日，隔着汪洋大海，但十几年来一直惺惺相惜，相安无事。究其原因，与阿里巴巴集团实行了合伙人制度也有直接关系，在该制度下，大股东没有决定公司事务的投票权。这也给创始人们提了个醒：在契约精神与尊重经理人贡献之间达成制度性共识相当重要，避免因"开车者"与"搭车者"针锋相对，最终闹得车毁人亡。

当然了，任何事情都是防患于未然。很多企业家在面对资本的问题时，都会因为担心发生上述的情况，而显得踟蹰犹豫。那么，有没有什么方法或规则，能让创始人与投资人之间保持融洽的关系呢？答案是有的，但需双方共同努力。

建立充分的信任关系

我们无法一夜之间就创建企业，建立信任这件事也如是，都需要时间。创始人要花时间去了解投资人，并实地调查，以确保投资人能够为自己提供成功所需的资源。同时，创始人也得接受投资人对自己的考察，彼此获得全面的了解。这个过程，是建立信任关系的基础。

特别是投资人，要明白任何创业者都不是完美的，他有特长，也有短板。因此，要以全面的眼光去看待创始人，一旦决定投资，就要给予对方充分的信任。这需要投资人的内心足够坚定，企业发展好的时候，内心为创始人高兴；企业陷入低谷时，要多鼓励对方，并在必要时给予帮助，而不是把责任全部归咎于创始人能力不足。

建立公开的沟通渠道

投资人与创始人之间想要融洽相处，有一点至关重要，那就是保证投资人的知情权。尤其是企业处于早期阶段时，沟通要真诚、真实、公开，不能只报喜不报忧。多数情况下，这种沟通的主动权掌握在创始人手里，一定要把投资人视为合作伙伴，让他们参与一些重大决策，分享他们的知识和经验。不能让投资人感觉自己被孤立，或是被抛在一边。做好了这一点，可以有效地避免错误。

创投双方要并肩作战

创始人是企业的主导者，对企业的发展通常都有自己的推进节奏。投资人作为出资方，自然也会为企业提出自己的意见和建议。但是，要投资人做到"只帮忙，不添乱"，这个尺度也是很难把握的，有时是出于好意提出建议，最后在创始人眼里却变成了指手画脚。

其实，产生这一问题最根本的原因，就是投资人没有真正参与到企业的发展当中。

古犹太哲人莱维说过一句话："如果你想帮助一个人脱离淤泥，不要以为站在顶端，伸出援助之手就够了。你应该善始善终，亲身到淤泥里去，然后用一双有力的手抓住他，这样，你和他都将重新从淤泥中获得新生。"

投资人可以尝试着换位思考，或是跟创始人一起办办公、跑跑现场，当投资人真正深入企业后，会有更真切的感受，提出的意见和建议也就更加中肯，且更容易被创始人接受。

区分商业与个人关系

投资人与创始人之间的关系是很微妙的，但有一点特别重要，就是要区分投资人与创始人之间形成的商业与个人关系。比如，有时两人可以坐下来喝茶、打球，但有时需要在董事会会议上作出艰难的决定。双方要能够区分这两者，不要让角色错位，这样才能更好地协作。

　　当投资人与创始人建立起信任、沟通，并都能摆正自己的角色时，他们共同打造一个成功企业的几率会大大提高，同时也可以降低或避免两败俱伤的纷争。

06 / 双赢的并购：58 同城 VS 赶集网

在战略转折的篇章中，我们提到过一点：大规模并购的出现，是战略转折点即将到来的预兆性景象之一。反过来说，这也是并购式投资的一大特点，即它通常发生在行业转折点。

2015 年 4 月 17 日，58 同城宣布入股赶集网，竞争长达十年的两个企业，将共同成立 58 赶集有限公司。根据双方协定，合并之后，两家企业依旧保持品牌独立性，网站团队也保持独立的发展和运营。

为什么赶集网要接受 58 同城的投资呢？答案依旧跟周期有关。

互联网行业在经历了一段时间依靠技术和商业模式推动的变革后，技术变革的效应开始递减，头部企业希望通过并购来巩固自己的市场份额，继续扩大规模、实现垄断。虽然赶集网在汽车、房产等领域频频试水新的业务模式，为上市做了一些准备，但据知情人士透露，赶集网的投资方对其上市的前景预期并不乐观，故而强力撮合赶集网和 58 同城。

58 同城为什么愿意投资赶集网呢？因为分类信息模式护城河

比较浅，企业在发展上都依赖资本的支持和营销上的投入。在过去的激烈竞争中，58同城和赶集网的营销费用大幅上涨，在这样的背景之下，58同城积极投资赶集网，也就在情理之中了。

并购之后，双方的合同效应加强，市场投入降低，行业利润率水平提升，并继续在产业链深化布局，促进商业模式升级。这样的并购，双方都是赢家，扩大了平台优势，实现了资源优势互补。

58同城与赶集网合并后，赶集网CEO杨浩涌和58同城CEO姚劲波，出任新公司的联合CEO，并同时担任联席董事长，两人共同向董事会汇报，并共同拥有新公司重大事项的决策权。在新业务层面，两人分别负责不同的板块，把各自的优势发挥到极致。

然而，就在合并七个月后，杨浩涌选择了退出58赶集集团，重新创业。他拿走了赶集好车，也就是后来的"瓜子二手车"，开始轰轰烈烈地杀入这个新兴市场。在他看来，国内二手车市场潜力还很大，用户体验又不好，这都是机会。当然，58同城经过谈判，也得到了一个新的身份：瓜子二手车的大股东和首轮投资者。

对于杨浩涌的退出，当时引来不少的关注和评论，大多数人都认为，这是在合并之初就注定的结局。然而，姚劲波却否认这一说法，他强调："我们真的没有商量，我们是唯一一次没商量。"杨浩涌对于自己的选择是这样说的："不太需要两个CEO去做这么一个绝对优势的市场，我自己更享受归零的感觉，归到起点，重新出发。"他还表示："尽管多数创始人更愿意套现离开，但借助已有资源，在内部开辟新的战场，或许也是一种不错的选择。"

　　杨浩涌与姚劲波，从行业竞争对手到并购牵手，再到拥抱告别，无论经历了怎样的周折，对他们两人以及企业而言，都算是拥有了一个相对完满的结局。他们作为创始人和投资人的格局、态度和行为，相信也会给企业家们带来一些思考和启发。

创始人要如何构建资本思维，带领企业走向资本市场？

对成长型企业来说，借力资本市场是融资发展的第一要务，因为资本市场最大的功能就是缓解企业特别是中小型企业融资难的问题。现代企业的竞争，绝不能忽略资本的力量，不懂资本知识、忽视融资技巧、没有金融圈子，想获胜是很艰难的。要解决企业融资的瓶颈，创始人就得具备资本思维，积极对接资本市场。

何谓资本思维呢？创始人又该怎样对接资本市场呢？相信很多企业领导都想深入了解。

所谓资本思维，用一句话简单的话来解释就是——"天下财为天下人所取，天下财为天下人所用"。这句话有三层含义：其一，所有的钱都是你的，目前别人只是帮你代管而已；你的钱也是天下人的，目前只是帮别人代管而已；你的钱财多少与你的心胸和格局成正比。

在"剩者为王"的时代，要先剩下来，再持续发展，再为天下人做天下事。然而，在资本经济时代，正确对待财富，正当追求财富，合理使用财富，才是正确的资本思维，也是我们应该做的事情。那么，创始人该如何构建资本思维呢？这里涉及三个维度。

杠杆思维：以小资本撬动大资本

杠杆思维，就是以小资本撬动大资本，以获得更多的收益。换言之，就是负债经营。

假如你的企业净利润可达 20%，你自己拥有的资本投资是 1000 万，你能获得 200 万的净利润。如果你能够融资 4000 万，举债利益率是 10%，需要支付 400 万元的利息，但这 4000 万却可以为你带来 800 万收益，除去 400 万元的利益，你还能获得 400 万的净利润。加上那 4000 万的负债经营，你就获得了 600 万元的收益。

腰部玩家和顶级玩家的区别，就在于创始人是否懂得运用杠杆思维。当然，利用这一思维有个前提，就是要权衡企业的负债率。如果企业的经营利润高于负债成本，可以适当加大负债经营的比例；反之，如果负债过重，企业无力偿还，就会导致现金流断裂。

市值思维：清楚企业未来的赚钱能力

市值思维，就是依靠企业的资本价值来促进扩张。不过，很多创始人在现实当中并不太了解自己企业的资本价值，总认为资本价值是"总资产减掉负债后的资产净值的价值"。我想提醒大家，这样的思维是错误的。

假设你的企业有 1 亿元的净资产，但这 1 亿元并不只是 1 亿元，因为你的企业每年的净利润有 3000 万。如果按照 10 倍市盈率来算，你的企业可以卖到 3 亿元。因为市值代表的是企业未来的赚钱能力。

协同思维：以不同业务的组合重新分配金融资源

协同思维，不是以经营资源的共享、交叉销售为目的，而是以各业务间金融资源调配、内部融资为目的的资本运作。比如，阿里巴巴采用的是多元化投资战略，而不是多元化经营战略。多元化投资，即便失败，只会给投资人的投资收益带来影响，但不会影响公司的现金流，而后者却恰恰相反。

现在已不是野蛮赚钱的时代，而是拼真本事和实力的时代。在商业竞争愈发激烈的今天，创始人一定要扭转思维观念，运用杠杆思维、市值思维和协同思维，来共同构建资本思维。当创始人了解了资本的形成和运作规律，并构建了自己的资本思维后，接下来要做的事情，就是带领自己的企业走向资本市场。

要完成这一目标，创始人需要做好三件重要的事：

- 第一件事：明确企业的战略目标。
- 第二件事：明确企业的核心竞争力。
- 第三件事：完善企业结构。

如果你没有明确的战略目标，没有可操作的方法，没有对未来市场的洞察力，那么试问：投资人怎么敢投资你的企业？你不知道自己要去哪儿，要怎么去，投资人怎么可能把钱交给你？所以，要带领企业走向资本市场，首先创始人就要明确战略目标，知道自己要做什么，且知道达到目标可采取的路径及方法。毕竟，资本市场最关心就是你的企业值多少钱，而战略目标就是在告诉资本市场：我的企业是值钱的，然后拿出你的可行性方案。

明确战略目标后，创始人就要找到企业的核心竞争力，以及企业的优劣势。在前面的内容中，我们已经谈过这个问题，在此就不赘述了。总之，只有让投资人看到企业的核心竞争力，以及企业可预期的高成长性，才可能获得资本市场的青睐。

最后一点，无论你的企业处在什么行业，什么位置，最终都离不开团队，以及内部管理。因此，根据战略来调整组织架构，培养精干的团队，就是创始人的一大要务。

总而言之，了解了这些内容，可以让创始人在借力资本时，思路更清晰，处理得更得心应手，更加高效。这不是什么高深莫测的事，请告诉自己：我可以做得很好！

▶▶▶ 后 记 ◀◀◀

　　洋洋洒洒已写至尾声，碍于时间与篇幅的限制，尽管还有一些想法和心得尚未来得及与大家分享，也只好就此搁笔。回顾整本书的内容以及创作的过程，感慨良多。

　　跨越周期，是一个内涵丰富的课题，它关乎着企业的增长走势，决定着企业的生死存亡。遗憾的是，有不少企业及其管理者在实践中并没有详尽地了解过周期，甚至忽略了周期对行业、对企业的重要性。不得不说，这是一个巨大的失误。

　　一直以来，中旭公司都潜心致力于为成长型企业赋能。近几年，我在工作的过程中，接触了大量的中小企业客户，也与其中的一些客户深入探讨过周期的问题。大家都知道，思维的转变，会影响人的决策与行为。这样的探讨颇有成效，我在欣慰之余，又略感焦虑，因为辐射面太窄了，接触的客户极其有限。

　　很多事情是等不来的，也是等不起的。太多的企业案例告诉我们，即使你什么都没有做错，甚至比以前更努力，但你仍然可能会错过整个时代；在你有能力转身的那一刻，你犹豫了，结果就可能输掉整场战争，被竞争者或后起之秀迅速蚕食。

如何带领更多的企业客户了解周期、跨越周期？这个想法和念头，促成了我撰写此书的动力。企业的成长，从来并不是单向的，而是与客户相互促进。身为中旭的掌门人，我深知企业一路走到今天，离不开客户的信任与支持。我们能够做的，除了以言语表达真挚的谢意之外，更重要的是，持续不断地为客户创造价值。

我衷心地期望所有的客户企业，乃至所有的企业管理者，都能够具备终身成长的思维。企业的成长是一个漫长的、没有终点的航程。在成长的某一阶段或某个时间较短的航程中，会出现辉煌耀眼的标志，但那并不意味着，时间与成功会就此定格。

居安思危，永远不能丢。外部压力与内部压力始终存在，未来也不会停止，企业在任何境遇下，都面临着被超越和被击败的可能。过往的那些成就，不过是一段新航程的起点。

置身于日新月异的时代，个体也好，企业也罢，都不能指望一劳永逸。

外界的环境在变，知识在更新迭代，唯有不断学习、不断精进，才能跟得上时代的节拍。但，精进的过程并不舒服，甚至是痛苦的，要我们从旧有的身躯中，革去以前的命，革去过往的荣光，革去现有的安稳，蜕变成更强大的自己。

你，准备好了吗？